GLOs

埃及男女

政治不正確的中東觀察

李雅詩——著

總序　GLOs人文及社會系列

GLOs研究總監　孔德維

為何知識與文字愈益廉價？這是簡單的供求定律問題，但卻要從歷史脈絡閱讀與理解。

二十一世紀經濟交流在通訊技術革新下日益頻繁，人類思維難以趕上科技的步伐。自iPhone，即第一部智慧型電話在二〇〇七年出現後，3G技術漸趨成熟，通訊模式由語音轉移至數據；一年後4G標準規範面世，如今已出現5G技術，極速提升數據速率。其下載速度比現有4G最多快一百倍，可快速連接不同機械之間的網絡，如家居人工智能，遠端醫療等。智慧型手機的發展也一日千里，推進整個資訊科技發展。其起步於二〇〇〇年代，二〇〇八至二〇一二年爆發性成長，其轉捩點在於iPhone的成長。智慧型手機引起全球轟動，也成功拉動3G用戶暴增，進至4G更高速上網時代。5G技術已達臨盆之際，不同經濟體之間在此數年難以調整自身定位，寒冬不是將至，而是已到。

資訊表述的形式影響思想的內涵，無可置疑。這就正如數學算式與圖表較文字容易表達抽象思維與邏輯。當網絡世界的資訊無限氾濫，萬字長文自然較「長輩圖」與「迷因」（meme）更難「入屋」。情況就如媽媽為您的吃飯穿衣問題與您理性討論兩小時後，您會在生理上對更多的語言與文字產生嚴重不安。因此，在網絡年代表述資訊，思考的就當是上載角度與濾鏡光影，「語言」在這種表述形式中，重要性自然減退。由於大家慣於視角衝擊，複雜的論說也要化約為「懶人包」。傳統教育要群博覽群書，由「博」而「約」。但網絡圖片則是以「約」為出發點，把一萬字化成「一句到尾圖」的「小編」較作者本身更具影響力。這不只是賦予資訊第二生命，還是將之變成「迷因」（meme），再認真討論，「就輸了」。作為自我表達的工具的文字，在二十一世紀已是任何人都可以掌握的技術。在Facebook、Twitter普及的互聯網世界，文字的供應無限增加，紙媒淪落即是大勢所趨。實體報章的資訊不會比它的網上版還快，賣報紙的人自然要問：為何要買我的報紙？

資訊爆炸後，判斷哪些才是實用、高品質資訊的「交易成本」（transaction cost）極高，結果就交由社交媒體的演算法代勞。演算法除了分析用戶喜好，還會派發他們喜歡的內容。久而久之，用戶會以為自己在同溫層看到的東西就是全世界；不少人都發現自己和朋友在社交網絡中、特別是在現實不大有自信的一群，一旦被「充權」，「自我」

便會膨脹，容易罵戰、變得極端，甚至有上癮和情緒問題，不能自拔。千萬不要以為這是吃電子奶嘴長大的「千禧後」獨有的問題。早在一九九七年Paul Gilster就提出「數位素養」（digital literacy）的概念，希望量度個體在網絡世界吸收資訊的能力。對在數碼世界原生的「千禧後」來說，分辨「假新聞」（fake news）就有如石器時代人類分辨毒草的能力一樣來得自然。但對工業時代長大的戰後嬰兒潮來說，作為「網絡移民」（internet immigrant），判斷有用資訊的能力就往往鬧出笑話。日常成了笑話還好，當「數位素養」影響到總統選舉時，一般程度的幽默感，大概也笑不出來。

前景一片灰暗。但在寒流之中，優質的媒體仍然穩立腳步。《南京條約》剛剛簽了一年後，在倫敦創立的老牌新聞週報《經濟學人》（*The Economist*）卻在《時代》（*Times*）、《福布斯》（*Forbes*）、《新聞週刊》（*Newsweek*）等諸多同行陷入低潮的二〇〇九年，顯著地在發行量和廣告業績上大有進帳。[1] 至二〇一八年，《經濟學人》的營利仍是平穩上昇。[2] 報章雜誌可藉優質與可信的文字在二十一世紀立足，書籍的出版又是可能？

念念不忘，必有迴響。這是GLOs人文及社會系列自許的定位。

1 Michael Hirschorn, "Why The Economist is thriving while Time and Newsweek fade," in *The Newsweekly's Last Stand*, July/August 2009 Issue, https://www.theatlantic.com/magazine/archive/2009/07/the-newsweeklys-last-stand/307489/.

2 《經濟學人》集團2018年年報：https://www.economistgroup.com/pdfs/2018_Annual_report.pdf。

GLOs

二〇一五年的GLO Travel及Dr. Code，開創了香港領先的深度旅遊公司，以及為兒童提供STEM課程的教育機構。這些成功故事啓發到一群香港學者與創業家，於二〇一七年成立Glocal Learning Offices，運用邦聯制的概念，讓GLOs內的二十多間公司及品牌享有完全運作自主，並為它們提供最佳土壤，以在這「Uber化」的時代設計出最佳的產品及服務。獨當一面、富有熱誠和擁有國際視野的人才聚集在GLOs的辦公室，GLOs六大產業，旅遊、創意、品味、教育、研究、社區分別為不同顧客提供獨特體驗。這些，都值得與讀者分享。我們期待在本系列中，秉承上述的理念，為讀者提供優質可信的觀點與文字。

推薦序

哲學系學生之中，聰明的不多，偶然會有一兩個例外，屬天才級數。

李雅詩是我的學生當中極聰明的一個。

例如，修讀邏輯取得滿分。

李天命

推薦序

區家麟
香港中文大學新聞與傳播學院專業顧問
資深傳媒人

這本書，千萬不要翻譯給埃及朋友知道；我恐怕或會引起外交風暴、或者本書作者下一次重訪埃及時，會遭石刑伺候。

一個教授思考方法、學習阿拉伯文、彈奏烏德琴的哲學博士，每年獨遊埃及數月，歷盡搭訕，耳聞目睹各種悲劇性性悲劇，對伊斯蘭世界愛之深責之切，寫成了這本政治不正確的書。

此女子一向毒舌，自認喜歡吵架，罵人直插要害，她形容埃及男女：「女人包得像粽，男人餓得像狗。」受夠了男人單刀直入的開場白：「你結婚了沒有？」不喜歡被搭訕，但為了練習埃及語，又會四處找人聊天，常常碰上急色男與「鐘表論」傳教士。

年年去一趟埃及，一路遊歷又一路罵，什麼心態？是因為深愛，也因為惱怒。她欣賞阿拉伯美妙的音樂傳統，卻痛心有些樂器課，不討論如何合音律，卻關注是否符合伊斯蘭律法。

她置身宏偉清真寺，聽教士深沉的唸誦，感受到信仰的感召力，卻又悲喜參半，因為天國的呼喚太迷人，人就停止理性思考，社會停滯不前，人繼續愚昧。

討論男女關係，讀讀伊斯蘭教義中的「叫床」問題與特別的奶媽用途，你會明白埃及的兩性關係可以如何扭曲。

某些大愛左膠，大概會認為「文化無高低」、這些論調「不夠包容」、「伊斯蘭世界男女差異乃因為要保護女性」等等，作者一一點出矛盾，正面抽擊，擺出擂台來一場哲學思辨。她謂，敢講敢罵，源於深入理解，批評基於事實，出於真誠，故不怕受挑戰。

這是一本不留情面、言辭狠辣的文化觀察，如果你想找金字塔旅遊指南或開羅吃喝玩樂全接觸，你現在就可以把書放下。

推薦序　久違了，埃及港女

沈旭暉
香港大學公共行政學系客座副教授
Glocal Learning Offices創辦人

今天的世界，再也不是昔日的主流年代，各式各樣的獨特生活態度，隨著網絡變得細碎化，正逐步落地生根，情繫埃及的本書作者，正是典型例子。作為土生土長香港人的她，因為愛上埃及而修讀阿拉伯文，每一個暑假都在埃及考察，這種落地觀察，絕不是浮光掠影的過客可比。上一位認識的駐埃及港人，已是一位家人的長輩朋友，她嫁到埃及後成為伊斯蘭通，更出版了專著講述迷失中東，我們曾笑說她是「埃及最後一位港女」。殊不知後生可畏，本書作者年紀輕輕，能見到做到的，已幾乎一模一樣。

提起埃及，除了金字塔、尼羅河和頭號球星沙拿，不少朋友也會想起二〇一一年的茉莉花革命：前總統穆巴拉克被推翻，穆斯林兄弟會的穆爾西成為埃及首位民選總統，旋即又因權力擴張而被其任命的國防部長塞西推翻。不久前，這位軍事強人總統透過修憲，將總統任期延長至六年，已經成為「新穆巴拉克」，也是美國總統特朗普高度嘉許的國際領袖。一方面，埃及民主遙遙無期，失業率持續高企，但另一方面，民眾對茉莉花革命後亂局的不滿，卻令塞西的民望越來越高。究竟埃及民眾的生活，是否真的苦不堪言，他們對民主又是否真的在乎？自然唯有長期親歷其境的作者，才有闡述的話語權。

學術界大多以政治及宗教角度切入當代埃及，鮮有從普羅民眾的生活出發，令本書作者的年輕女性視角，成為更難得的一家之言。她從剖析埃及社會男女關係的角度出發，描述了一個另類埃及，內容自然不限於獵艷奇聞，而是一切以小見大，相當具國際視野。例如講述茉莉花革命後湧入的華人遊客、商人那一章，對我們而言，就特別充滿趣味。事實上，埃及民風從不保守，素來兼容伊斯蘭教及基督教，除了大量達千年歷史的清真寺及教堂並存，近來多了的孔子學院，也是最新的包容風景，令作者一類異鄉人只要打開了門檻，也能生活得如魚得水。今天主旋律大推「一帶一路」，但真正如作者般深入帶路盡頭生活的青年才俊，又有多少？這份情懷，值得我們好好珍惜，是為序。

代序　叫他們降低視線

李雅詩

伊斯蘭教徒齋月日間不能飲食，日落後的開齋飯常會聚會慶祝，在香港的教徒也不例外，有一次朋友的組織在灣仔清真寺辦開齋飯。

我到了門口，正研究要去幾樓，有個男人倚在門外的欄杆，從頭到腳然後又從腳到頭地打量我。

《古蘭經》裡明明說：

「你對信士們說，叫他們降低視線。」（二十四：三十）

卻從來沒有人強調，只著重叫女人戴頭巾。其實《古蘭經》裡根本就沒寫遮蓋頭髮，有寫的「降低視線」卻沒人理，教士和信徒們將公元七世紀沙漠部落裡頒示的《古蘭經》解釋得比原來還父權，實在十分可笑。

諷刺的是，沒有這種告誡的華人社會，反而更少明目張膽理直氣壯地打量異性，自然而然地覺得那樣是沒有禮貌的；但禁令寫得清清楚楚的伊斯蘭教，其教徒卻常有此習慣，他們會覺得女性沒包起來的地方就是讓他們看的，拿放大鏡看也不為過。

穆斯林還好意思說伊斯蘭教保護女人，對不起，我真是聽不下去。要將這類不降低視線的穆斯林全部逐出教，這個說法才成立吧。

現在還是神聖的齋戒月呢。

一想到這些，就興致全失。

然而進到清真寺，聽到叫拜聲就覺得親切，雖然聲線沒有在埃及聽到的好聽。

大家可能覺得我很犯賤，為甚麼不斷去一個我邊去邊罵的地方，去到專門寫一本書來討論？

但美好的文學音樂和令人反感的社會習俗，兩者所構成的反差，卻令整件事更神秘，更有趣。

每逢跟人提起去中東，就會聽到「一個女生自己小心點」這樣的話，實在恨不生為男兒身，從來就沒聽說過「一個男生自己小心點」；好像給人強姦了就是你「自己」沒有小心，「早就警告過你了」。

可惜近年伊斯蘭世界原教旨主義反噬，女人包得像粽，男人餓得像狗，婦權不進反退，確實很多麻煩；但與此同時，卻有著最荒涼與最精緻。

在埃及的日子，就是如此令人矛盾，又愛又恨。

伊斯蘭教教義

真主是唯一的神、穆罕默德是他的使者。

伊斯蘭教跟猶太教、基督教一樣崇敬亞伯拉罕、挪亞、摩西等先知；耶穌也是伊斯蘭教的先知，但不被視為神子。

沒有三位一體，但也有夏娃引誘亞當吃禁果。

教徒要每天祈禱五次（日出、中午、下午、日落、晚間）、齋戒（齋戒月Ramadan期間，有日光時禁食）、捐獻、到麥加朝聖。

伊斯蘭教可以很和平很靈性，但一神教唯我獨尊是事實，殉道者會上天堂享用處女，也是《聖訓》（先知穆罕默德的言行記錄，內容鉅細無遺，有多個不同版本）中所記載。

埃及大約八成人口是伊斯蘭教徒（穆斯林），兩成是基督徒。根據伊斯蘭教規定，男基督徒要跟女穆斯林結婚必須改信伊斯蘭教，女基督徒則不一定要改信伊斯蘭教才可以跟男穆斯林結婚。

伊斯蘭教性別議題

阿拉伯半島部落傳統非常父權。公元七世紀出現的伊斯蘭教對此有所改革，教中規定比原先開明，但由於宗教力量使這些規條看起來神聖不可侵犯，一千多年後教徒仍參照當日做法，到了今日，伊斯蘭群體中普遍女權較差。

據伊斯蘭教規定，男性可以娶四個妻子；男人只要講三次休妻就能離婚，女人要離婚卻很困難。在財產繼承中，有同等親屬關係時，男人所得是女人的兩倍，例如兒子得一份，女兒得半份。還有男性監護人制度，女性結婚前由家中男性控制，婚姻經常不自主，父親死了就由兄弟「監護」。貞操名節很重要，要不惜一切代價保護：如果強姦犯跟受害者結婚，就不用坐牢。女人不遮蓋頭髮、不穿鬆身長衣裙，就常被視為蕩婦。

在城市受教育程度高的群體中，這些傳統較弱，但在越窮越鄉間的地方就越嚴重。

語言

中東地區最重要的語言為阿拉伯文（使用阿拉伯文的地區，以阿拉伯文使用人數從多到少排序為：埃及、阿爾及利亞、蘇丹、沙地阿拉伯、摩洛哥、伊拉克、敘利亞、也門、突尼西亞、約旦、利比亞、黎巴嫩、索馬里、阿聯酋、毛里塔尼亞、阿曼、科威特、巴勒斯坦、乍得、卡塔爾、巴林等），然後是波斯文（在伊朗和阿富汗使用）和土耳其文。

埃及的官方語言是阿拉伯文，但阿拉伯文的言文分化很嚴重，只有正式場合和書面交流才會用標準阿拉伯文。日常溝通中，各地區的發音、文法、詞彙都跟標準阿拉伯文有分別，要另外學，類似香港寫白話文，但講廣東話。

古埃及文在公元七世紀阿拉伯人攻陷埃及後逐漸衰落，現在只有在哥普特（Coptic，即埃及基督教）教會儀式、地方名、基督徒人名、少量方言字中出現。

註：書中拉丁拼音以通行性為主要考量，地名、店名都能在網上查到。如果字中間忽然有大楷，是發音較重的意思。

目次

第三部　宗教

第四部　討論

第一部

男女

序幕　我的中東劇場

第一次去埃及是二〇〇七年，那時剛開始讀碩士，還年輕天真。自中學起對古埃及很有興趣，學過一點古埃及文，卻對現代埃及無甚了解。朋友找了旅行團想報，問我要不要一起，就跟著去了。

在埃及遊玩時跟當地導遊聊得非常開心，因為埃及人普遍比較有幽默感，喜歡開玩笑。

當導遊的福利，大概就是勾搭旅行團裡的女生。幾天朝夕相對，帶對方看異國美景和新事物，是絕佳的機會。

他們覺得外國人沒有宗教束縛，很有機會得手。

隨團有一個主要導遊和一個在紅海邊渡假勝地洪加達帶我們出海的導遊。我雖然跟他們玩得多，卻沒有興趣來一段霧水情緣。但就見識了埃及男人的撩妹能力。

其實不得不佩服他們非常主動和快速。他們會用各種方式增加身體接觸的機會，又會找藉口給你按摩。

當然要快了，幾天旅程內就要成功嘛。

他們跟一般埃及人相比其實是比較自然的，不會流露急色的眼神。始終帶團經驗多，訓練有素。

有時覺得香港的男生蠻可憐，不少男生跟女生一起就很怕羞沒話說，應該說他們都是好人吧。

主要導遊當時跟我們說自己還未結婚，後來二〇一一年埃及革命時我好奇他的近況，用電郵找到他在視像通話軟件Skype的戶口，一打還真的接通了。跟他聊了一會順便練習阿拉伯文，看到他的三個孩子，挺可愛的。中東人生來圓潤，長大了顯胖，小孩卻可愛。

計起來，我去埃及時他已有兩個孩子了，卻跟我們說沒結婚。

大家放心我因為他太矮所以沒有理他。（有人不放心嗎！）

我卻相反，後來去埃及時別人問起，常會跟人說自己結了婚。因為埃及人很煩，如果你說未婚，他們要不說要跟你結婚，要不就是要替兒子／表弟／姪孫跟你提親。

男的專門演未婚，女的專門演已婚，就是我的中東劇場。

埃及街頭生存手冊

二〇〇七年第一次去埃及後，二〇〇八年進香港大學讀博士，順便修了阿拉伯文，自此一發不可收拾，二〇一五年至二〇一八年四個暑假都在埃及。

一個地方能玩這麼多次嗎？

在街上隨便問一個香港人去過日本幾次吧。

當然我的選擇冷門些。

但懂得一個地方的語言完全不一樣，進入一個文化一個世界，經驗層次豐富得多，可以看的東西也多得多，隨便逛書店也可以消磨一天。

這種情況下去旅行是另一回事，就像一般香港人可以隨時去台灣吃吃東西逛逛街，是一種回鄉度假的概念。

埃及真的玩不厭，由古埃及到希臘羅馬到基督教到伊斯蘭時期，看不完的文物古蹟；由古典音樂到民間音樂到懷舊金曲到流行音樂，聽不完的音樂表演。

文學風氣又盛，看不完的詩歌小說；而且他們真的會談論，有一次剛好當期文學雜誌附了一冊汪國真詩歌的阿拉伯文翻譯（奇怪的選擇，可能比較易譯），幾個人問我認不認識。

素食多（筆者吃素），消費又便宜。

當然很多東西相對落後，但對我都不算大問題。一來我沒有潔癖，二來不但不介意殘舊，還覺得是情調。

我在埃及除了遊玩，還讀阿拉伯文和學烏德琴。又上課又玩真的開心又充實，完全洗去一年工作的困倦，有返老還童的作用。

埃及那麼多優點，真是找不到理由不去。

除了性騷擾。

生還者言

在烽煙四起危機四伏的埃及，我是怎樣活著回來的呢？

一定是因為人品好。

沒這麼誇張，就是比較落後混亂而已。有些色狼和小偷，也不算多。

跟以前去大陸的感覺近似，例如過不了馬路、沒有人排隊。

過馬路嘛，要不就視死如歸地大踏步過，司機看見就自然會避開你，看不見嘛，就上天堂吧，處女們在等你呢；要不就貪生怕死地躲在當地人身邊跟著過。

沒有人排隊，就擠一下吧。好笑的是，試過排隊買地鐵票，有個女人說自己不舒服要插隊，我說不行，她說：「你是外國人居然說不行？」她的意思是我該入鄉隨俗尊重文化差異、不應該要求埃及人排隊吧。

搭訕男

埃及的特色是搭訕男，有些是招攬生意，有些就純粹是閒得慌。據說很多人的夢想是娶個有錢外國女人，所以多遊客的地方常有人在街上流連騷擾。有相熟三文治店主就親口跟我承認，他少年十五二十時的嗜好，是到解放廣場騷擾女遊客。

遊客區的人真的很煩，但我會苦中作樂，最高興就是當他們問要不要看某東西／景點，我用埃及話答「都看過了（shufu kullu）」時，看他們失望的樣子。

有個人每年都跟我說：「這裡是拖甩．洽（Talaat Harb）廣場。」我就跟他說：「我記得你，每年都跟我說這句話。我都認得你了，你認一下我好不好！」

少年人最危險，會惡作劇抓你的袋子之類。

一般男人還有一點點羞恥心，日間我打傘遮太陽，索性拿傘擋著他，他就不好說甚麼，跟動物專家說不要跟動物有眼神接觸的道理差不多。

雨傘、大手袋這些能拉開距離的東西都很有用，可以有意無意地避免他們接近。尤其要小心背後，不要站定而背部向著路，要背靠牆，否則容易讓人有機可乘，經過時摸你屁股。

每天都會聽見各種台詞，有些是常見的，如用普通話說「你好」，還會不斷重複迫你回應，有些就不斷問：「中國？日本？」我有時就會說「我來自叔伯拉（Shobra）」，開羅北面窮人住的地區，開羅人想說別人甚麼都不懂的時候就會說他來自叔伯拉。我說出來就很諷刺。

歷來聽過最白痴的台詞如下：「不要擔心，我不會跟你說話的。」

連搭訕都能自我推翻，完全是另一個境界。

放蕩旅人

其實女的也會搭訕要求合照，但那沒有安全疑慮，理不理就看心情了。

有些人少見多怪，會一直盯著外國人看，遇到這樣的情況時，阿拉伯文老師提議我們說：「你喜歡（agabak）？」假裝對方在看你的穿戴，暗示他看得過分了。這招我沒用過，我懶，通常瞪對方一眼就算。

還有一種是帶著敵意的，試過在街上走，有個女人坐在路邊，我經過她時她說：

「被操的（mitneka），露出頭髮。」

鄉下人常會覺得出來旅行的人一定很放蕩，男女都會這樣想。最貞潔就是三步不出閨門吧，他們為甚麼不學中國人紮腳呢？他們不用學，因為發明了更直接的割陰：要不將陰蒂甚至陰唇割去，讓她失去性行為的大部分快感，要不乾脆將陰唇割傷然後縫起來，令兩邊黏在一起，到結婚時再打開。*

朋友說每個粗口都有回應的，我應該學以致用，例如「被操的」應該回「像你（zayyak）」、「你才被操（inti illi mitneka）」或「你找不到人操你（inti mish le'ia）」之類，無聊又搞笑，令人想起《鹿鼎記》裡面的市井對罵。

他們說你罵得越狠，對方越怕，可是我一個人在外，更害怕啊，激怒對方要打架我可沒有人來助陣。

我雖然喜歡吵架，還是很理性的，比較喜歡想一些繞彎兒諷刺對方的話，讓他尷尬，多於跟對方鬥粗鄙，尤其是罵人的話不外性器官、「死基佬（khul）」之類，雖然學了一堆，但我這麼優雅的人罵出來實在毫無認同感。

真的有甚麼事情，最實用就是尖叫，「救命（ilHa'uumi）」、「走開（ib'ad 'anni）」等都及不上，阿拉伯文發音不好的話別人聽不懂就慘了。

總括來說就是不用怕，他們沒炸彈的。

有就是神的旨意了。

要不帶個炸彈吧，雙方都有炸彈的機率比較低。

＊有些人認為文化習俗沒有高下，這類傳統不能批評，筆者的回應見第四部。

握手哲學

香港人不常握手，通常是比較正式或介紹認識的情況下才會握。我們是一個不太會觸碰別人的群體。

所以我也不太喜歡握手，尤其有些人的手又濕又軟，像抓到一塊生豬肉一樣，好噁心。而且你永遠不知道他去廁所有沒有洗手。有些男人又會趁機佔便宜，曾有歐洲人貼面禮時用充滿口水的嘴唇吻我的臉，又有美國人本來的身體語言肯定只是伸手出來相握，但握到後才發力將你拉近擁抱。

而阿拉伯人握手似乎都是走軟弱無力的路線，初初想是不是男生只伸出手來被握，免得有揑人家手的嫌疑，但女人也是這樣，大概就是他們的習慣吧。所以更不期待跟阿拉伯人握手。

有些阿拉伯女人不跟異性握手，故此男人未必會對阿拉伯女人伸出手，免得自討沒趣。但他們常以為所有外國女人都握手，故此會伸出手來，甚至是街上不認識的人也會這樣。本來我也不至於介意握手，但覺得有些阿拉伯男人是抱著賺了的心態來握，因為他沒有太多機會跟異性握手；那如果他覺得賺了，我要不要覺得損失了呢？

最無聊的是曾有埃及旅舍職員在握到我的手後，順勢提起要吻，嚇死我了，幸好他只是裝腔作勢，其實是吻在他自己手上。

雖然我並不是那麼想握手，但我鄙視保守派穆斯林不跟異性握手。將神看得如此小器無聊，又為了上天堂而願意遵守任何規條，沒有獨立思考，不作反思，只是盲從教士的要求，這樣的人的精神世界一定很狹窄。

討論到握手的話題，埃及朋友就說，在這個社會環境下，有教養的男人應該等女生伸出手來才握，但不主動伸出手，因為你伸了出來，對方不握就好像不給面子。

如果對方沒伸手出來，我一般就不握了，除非想表示很當他是朋友的意思。不過，如果一班人朋友見面，而對方又跟在場的男人握了手，我又會覺得好像應該握一下，否則有點特地避開的感覺。

你可能覺得，怎麼握個手都能討論這麼多？

世界本來就複雜，不同文化背景的人相處起來就更複雜。

旅舍艷遇

異樣眼光

第一年去上課，住的米拉米斯旅舍（Merames）頗冷清。到達機場，出來就坐跟旅舍訂的車，他們收了我的錢，正常的理解是專車，司機卻接兩個人。結果等另外那個人拿行李等了很久。

上語言課時才從同學口中知道可以先在開羅克雷格列表（Cairo Craigslist）找人分租房間，會比住旅舍便宜一點。我也嘗試了在上面找，因為跟女人分租會比住旅舍方便，但他們的辦事效率不高，尤其在齋月，所以就算了。那間旅舍也沒甚麼，但住的是阿拉伯人為主，他們的眼光令人不舒服，我也曾有晾曬在露台的內衣不見了。

新紀元記者

第二年就住最受背包客歡迎的得合（Dahab）旅舍，氣氛好得多，都是外國學生，穿得很隨性，感覺自在，不會有人盯著你嫌你穿得少。

一天下午無聊跟其他住客聊了一會，其中有一個埃及女人之前常見她聽新紀元錄音，頗為誇張那種，她說她來自亞歷山大港，是記者。她講了很多故事，關於性罪行、革命、穆斯林兄弟會等等，駭人聽聞，不過以她怪怪的風格，可信度不高。例如她說，穆爾西住進總統府後搞得那裡像個禁宮一樣，一班女人圍坐在院子裡手洗衣服。

旅舍總是有些怪人。

麻煩老闆

第三年在沙發衝浪（Couchsurfing）上有女學生跟我說她認識的一間旅舍要找翻譯，幫他們跟中國旅行社接洽，房租可以有優惠。

到了埃及機場，出到門口找不到司機，原來他去錯出口了，有航班號不應該弄錯，想不明白。幸好別人肯借電話給我打，這在騙案層出的香港可未必有。到了旅舍，原本仲介人說機場到旅舍車程免費、房間有廁所，去到都不是。總算晚上仲介人和老闆來到，拿出對話記錄對質，才照原議。

幾天後中午約了旅館老闆談幫忙聯絡中國旅行社的事，他臨近才說太熱改夜晚，我說夜晚不行約了人。他說晚點沒有問題。

訂房時仲介人說老闆想要人翻譯和聯絡中國的旅行社，每日一兩個電郵，以房間減價作為交換，我想可以多點機會練阿拉伯文就答應了。到晚上回到旅館跟他討論，他居然想我發上百個電郵，塞給我一堆中國旅行社的名片說看不懂中文的電郵地址叫我處理。我說電郵地址又不是用中文寫，一樣是拉丁字母，你若不懂便叫下屬整理好電郵地址發給我；我答應幫忙翻譯，只會一次過發同樣的電郵，再跟進回覆，否則我打完上百個電郵地址發出電郵就完成了我答應的工作限額。

他也覺得說不過我，但還是一直重覆。他們敲門找你都是像警察搜補罪犯一樣狂敲，不是輕敲後等你回應，實在令人反感。後來覺得這樣太煩就搬走。原本想回去去年的得合旅舍，但那天沒有房，就問樓下的瑞士酒店，最便宜的房間是雙床房，比上面的得合旅舍貴一點，氣氛還不及，於是打算先住下，等上面有房就搬上去。順口問職員：「我要住一個月，能否減價？」誰知他跟經理商量後，就帶我到後面較小的單人房，只要七十鎊一晚（約港幣三十元）。

可以嗅你嗎？

這天放假有閒，買早餐回來後便邊吃邊跟旅舍經理聊天。

開頭聊文學、工作，後來他說起自己離婚兩次，第一次離婚是因為妻子懷孕時不肯跟他上床。說到這裡言語就開始不堪，問我：「可否嗅你？」又說自己有性能力有性需要。

聽到這些趕快走了，真是有病。

華人貪錢

旅舍還有幾個埃及人長期住客，一個是在歐洲多年、不肯跟我講阿拉伯文的伯伯，一個是白天只見他去洗澡的胖子，還有一個是在台灣做生意的基督徒。他說跟妻子已經分開很久，但埃及正教不准離婚。他說自己有個台灣女友，又說華人女人很著緊錢。

我說：「她們跟你要錢嗎？」他說不是。我說：「她們出外一味要你付錢嗎？」他又說不是。

我不明白，難道他想對方養他？抑或是常跟他討論金錢？那也沒辦法啊，他又不懂華人文化，對方更不懂阿拉伯文化，更要命的是他似乎也沒甚麼文化，那別人還能跟他討論甚麼呢？他就常跟我討論埃及多便宜，香港多貴啊。

工作態度

第四年接著住同一間旅舍，因為地點方便，房間雖然小，卻是市中心最便宜的。

旅舍職員很殷勤，打招呼語氣都很尊敬，但其他行為卻很粗魯，例如半夜很大聲地聊天，幾次吵醒我。做旅舍居然不但不維持安靜的睡眠環境，卻正正是破壞這個的罪魁禍首，服務水準實在很低。但沒有辦法，他們的工作態度就是比較差。

也可能這樣活得比較快樂。

一千零一夜情

有天下課後跟瑞士同學去了中產地區扎馬力（Zamalek）區，是尼羅河中的一個島，南面全是文化場地，有歌劇院、美術館、音樂圖書館等。

我們想去的是埃及現代美術館。去到發現只有一層，又沒有介紹，不過是免費的就算了。結果我們都是研究阿英對照的標籤多於看作品本身。

之後順便去了附近的翻譯中心書店，這裡只賣翻譯中心出的書，都是譯作和討論翻譯的書，雖然看他們選甚麼來翻譯也有趣，可惜沒斬穫之餘還遇到一次極噁心的搭訕：

進去書店時有人在一個角落拍攝訪談，後來有人走過來跟我說往另外一行書架時不要經拍攝那邊，我說沒問題，那人就說你的阿拉伯文很好之類的，於是聊了起來。

他問我留多久、來做甚麼，又問我住哪裡，我說住市中心。

他說：「一個人來還是跟朋友來？」

我說：「一個人。」然後心想：「慘了，又答錯了。」

他說：「能留個電話嗎？」

我說：「我在埃及沒有電話號碼。」

他又說：「能到你的住處嗎？」

我起初沒聽明白，因為用阿拉伯文，在書店又壓低聲音，而且我根本沒料到會說這個。弄清楚後我說：「不能。」

他說：「不能？」

我說：「當然不能！」眼睛瞪到要掉出來，心想：「你們這些狗，看見外國女人就以為隨時會跟人上床，×，你一個牙齒也不多的伯伯，我要找也找個年輕健康的，你有點自知之明行不行！」

話說回頭，從博奕論的角度看，他是聰明的，我難道能報警嗎？如果他碰到有人居然答應他，就真的賺到一次一夜情，機率是高於千分之一的。

正是「人無恥便無敵」。

不能露出破綻

這天想著今天不用看表演看到很晚，就從伊斯蘭區走路到阿他巴（Attaba）地鐵站，順便看看露天市場。這裡不是遊客區，賣的東西就多數是中國製造了。

經過鐘錶店想找有真正阿拉伯數字的鐘總是沒有，賣的都是日本牌子。

站在店外放東西進背囊時，有個男人在我旁邊走過，用手掃了一下我的屁股，走過後還心虛踢到甚麼東西，可是我還是反應太慢沒來得及做甚麼，氣死我了。

之後都更加跟人保持距離，完全是武俠小說裡防守不能露出破綻那樣。

這就是伊斯蘭教的崇高操守，不要說這些人不是教徒。

最可怕的風景是人

在外逛得又熱又累，下午就回旅舍，於是問瑞士同學晚上有沒有甚麼活動（她在這裡幾個月了），她說她會去語言學校一個韓國學生的派對。好奇這裡的外國學生圈子是甚麼情況，於是跟著去了。

主人家是韓國初級外交人員，來這裡學阿拉伯文一年，這是他的告別派對。場內主要是語言學校的學生，另有幾個埃及男人，都是神經病的：

一個做人事部，拿起甜點吃了一口後放回去。

一個是翻譯，一開始就問我結了婚沒有、有沒有男朋友，看我很累的樣子又很期待地問我是不是喝醉了（當時已過午夜，我一早起來上課觀光，想睡覺而已），聊了一回忽然將手放在我大概腎的位置，我說這很冒犯，他就溜了。

一個是醫科生，聽到我有博士學位直接問我幾歲，跟著又問我要不要一起去廚房拿飲品。其實飲品就在大廳桌子上！

我跟瑞士同學一起走的時候，其中一個埃及人跟著。樓梯沒燈他想「幫」我們，我說：「你先走！」我心想你不生事就是幫忙。到樓下他仍然跟著我們，我拿出頭巾披上他就用嘲弄的語氣說：「你也戴頭巾？」（那時初去埃及，心想戴頭巾低調點可能會比較安全，不過結論是無甚分別。）我倆完全不理他，他才終於跟我們分道揚鑣。

幸好有人同行，不敢想像一個人要怎樣擺脫他。

這麼晚你去哪裡

齋月晚上去哥普特區一七一八巷（Darb 1718）的音樂會，一晚三個表演，有搖滾樂隊有蘇菲音樂有蘇丹音樂，好有趣。不過很晚，晚上十點開始，兩點完結。我一點就走了，也是邀了同一旅舍的波蘭男孩同行才敢這麼晚。我要走時瑞士同學的朋友說遲些一起走，找朋友車我們回去，我說我們搭地鐵就好。朋友的朋友的車聽起來就危險。

這裡晚上這麼多精采的表演，可是天黑了上街實在可怕，好些男人都是一副「這麼晚你去哪裡」的樣子，對外國女人尤其好奇。日間一個女人在街上走已經少有，當地女人幾乎都是跟朋友一起的。在這裡做一個獨立的女人真的很難，不斷有人煩你、從頭到腳地打量你，很沒有安全感，可是如果大家都怕煩怕危險於是盡量不單獨上街，單獨上街的女人就顯得更可疑更隨便，完全是惡性循環。

幸好近年埃及逐漸從二〇一一年革命後的混亂回復秩序，旅遊業復甦了一點，對外國人的態度也變得正常一點，希望一切向好吧。

來到後實在太認同在港大讀阿拉伯文時來自埃及老師說埃及人十分多管閒事。相比下真的覺得香港太好了，幸好我只是來玩，不是來老死。

也是這類經歷，引起我第四部關於文化高下的思考。

用長輩圖搭訕

本來臉書用的是看不清樣子的行山照片，想著在埃及加新朋友時方便查找，就換了一張有相貌的音樂會照片。卻沒想起無袖的衣服，在埃及已經算穿得少。

後來跟阿拉伯文教授說起，他就半開玩笑地說，一般埃及男人看到我那張照片，就會覺得我在說：「我準備好了！」他們會一邊睜大眼仔細看，一邊用怪責的語氣感嘆：「違反教義（Haraam）！」

學琴的女同學駕車，她說乘搭公共交通工具常被人騷擾，迫不得已才買車。我說覺得坐車還好，她就說：「你是外國人不一樣，而且你在這裡都是穿長袖，我駕車才敢穿短袖……」我為了減少行李，將限額用來帶書，天天都穿同一套衣服，是麻質的長衣長裙，主要是防曬，亦不想讓這裡饑渴的男人覺得有東西看。因為已經沒有去想這個問題，倒忘了在網上世界，仍有此考量。

在埃及加了一些玩樂器的朋友的臉書，朋友的朋友就加我，想著社交媒體沒甚麼所謂就接受。後來太多就只加玩樂器的，因為想看他們的貼文。誰知阿拉伯人（本來是埃及人，後來擴散到敘利亞、巴勒斯坦、突尼斯、摩洛哥）加臉書是會發訊息的，煩死了。我不喜歡打字，有事或有話題想討論才會發訊息，香港朋友多是見面才聊，在外國的朋友才會說多點。

他們為甚麼覺得加了臉書就會聊天？還要是沒有話題的早晨你好嗎，然後還有審美負分的長輩圖、毫無亮點的自拍，甚至有一個發色情圖片，立刻被我封鎖了。

好些人你不回還一直發，見你上線就轟炸「早晨」、「你好」、「嘩」、「歡迎」……還問：「為甚麼不回覆？」我說：「有幾百人加我哪有可能每個都回？」有些我敷衍回了一兩個字或回個大姆指，他就說：「我討厭像你這麼驕傲的人。」還有，不分男女，問也不問就直接打語音通話，也不想想我可能在別的時區。

最搞笑的是有個人說要跟我結婚，因為自己有中國血統。我說：「你神經病？不認識就結婚？」他說是以結婚為前提的交往，我說我訂婚了（一時疏忽又說錯了，標準答案應該說已婚的），他就說：「不要緊，你給我機會就會知道我比他好。」

真是無盡的笑話。

埃及人愛的問題

無事做三點多去咖啡座喝東西，想找機會跟人聊聊天，非常成功：在幾個露天咖啡觀摩了一下，有個獨自吸水煙的女人邀我坐下，她叫莎瑪，聊起來挺有趣。

之後又有幾次約她在這個咖啡座聊天，侍應認得我們後一直要我們的電話，又說自己有住宅，我說：「你有住宅關我甚麼事?!」他就毫無說服力地說：「只是表示我是良民而已。」

莎瑪有主見又幽默，還很熱情地要帶我去萬事保路（Maspero）電視城對出坐小輪，果斷決定放男網友飛機（本來說當晚見面，但跟他們聚會，還沒出發也不算約好）。見他很煩後來也沒見他，他還發訊息用粗話罵我。粗話的有趣之處是，對於不懂的人完全引不起負面情緒，我反而高興又學到兩個生字。

等小輪時去吃了三文治。她看到我的手機鎖定螢幕是開羅地鐵站圖立刻大笑，好尷尬，如果我看到別人的手機背景是港鐵地圖，一定也笑死，可是這裡的地鐵沒甚麼指示，手機一開就是就最方便。

到了船上又等了很久。等的時候她跟一家人聊了起來，一個掉了一半牙的老伯帶著一個弱智女兒，加上另一個女兒的多個小孩。小孩未開船就去買汽水薯片，這裡的健康教育真是令人絕望。

可愛的小女孩，不久就變成胖女人。

現在才知道原來政府也有辦純粹遊覽的小輪，而當地人也很有時間遊船河。船有兩層，下層有冷氣，上層有風景；下層播著中耳欲聾的迪斯高音樂，小孩跟著跳舞。

甲板上一家人一直問我埃及人最愛問的問題：

一、你來自哪裡？

二、你結了婚沒有？

三、你幾歲？

四、你是穆斯林嗎？

五、中國人吃蟑螂嗎？

六、中國人是不是都會跆拳道？

我通常的答案是：

一、中國——因為不想答香港被視為有錢人。

二、結了——因為不想他們說要跟我結婚或要兒子跟我結婚。但下一個問題就是我丈夫在哪裡。我答在中國，顯然這是錯的答案，因為他們會覺得你是一個人來尋開心的。語言學校老師說你該答嫁的是埃及人，好讓他們怕你丈夫出來找他們算賬。要靠這樣的答案減少騷擾，這是多悲哀的社會。

有一次飯後在哈里里商隊旅舍裡的巷子買影碟，老闆問：「你結了婚沒有？」

「結了。」

「有沒有小孩？」

「沒有。」

他雙眼骨溜溜地掃視我後說：「看得出來。結了婚多久？一年？」

「嗯。」

「我就猜是這樣！」

三、你猜——可是他們還是鍥而不捨。

四、不是——他們總是要你答一個宗教才滿意，但我答佛教他們又會問佛教裡面誰是造物主，真是無從說起。

他們又很喜歡問中國有多少穆斯林、還有甚麼教徒，好像天底下最重要的就是宗教，信伊斯蘭教就一切問題都解決了。

五、不吃——因為在一齣很賣座的笑片《中國的偉大蠶豆（Fool el seen el azeem）》

裡，男主角交了一個中國女朋友，一起吃飯時她的家人讓他吃蟑螂，所以埃及人以為中國人喜歡吃。

六、跆拳道不是中國的。

遊船河後四處逛逛，希爾頓酒店的商場賣皮具的店鋪跟深圳羅湖商業城一模一樣，酒店商場竟是這樣的質素。倒是商場裡賣的蜜糖小丸子還不錯，雖然太甜了點。然後再去咖啡座坐坐，又沿尼羅河閒逛，有人一起真好，不用一直被人問從哪裡來。

莎瑪大二就結婚，有兩個小孩，現在不到三十歲，已離婚。她家裡做私家車生意，經濟似乎很不錯。她說沒甚麼好做，想讀碩士。這樣的次序倒是挺新鮮。

第二天問莎瑪出不出來，原來她約了昨天在小輪上遇到的沙地阿拉伯人，一起去比利米剎套房酒店（Pyramisa Suites Hotel）泳池畔喝東西，這間酒店都是沙地人。他們熱烈地討論大家的星座特點。

我拿著一袋剛買的書，他們想看看，於是我拿出介紹埃及的童書，封面內頁是埃及地圖，沙地人立刻機警地指出地圖中標示為埃及領土的蒂朗島（Tiran）和塞納菲爾島（Sanafir）屬於沙地。（兩國有土地爭議，埃及政府於二〇一七年將兩島給了沙地，人民指摘賣國。）

臨走前他們兩人進了房間一下（沙地人的房間就在泳池旁邊），但又好像不夠時間發生甚麼。

之後她去一間樓上店做頭髮，沒看過埃及的髮型屋，好奇跟著她去。這間髮型屋真是件古董，全套服務是洗頭、夾眉毛、線面、面膜，再做髮型。髮夾是用火燒熱的，髮型師表演特技一樣揮動散熱。

髮型師的女兒們非常奇特，一個懷孕了還吸煙，一個將棉花完全塞滿舞衣罩杯再縫起來，這樣的話女人能穿得上嗎？難道她是造給變性人？難道埃及有變性人舞者？

帶著滿肚子的疑惑離開。

髮夾是用火燒熱的，髮型師表演特技一樣揮動散熱。

煙霧人生

埃及話班有個法國同學，自小就喜歡來埃及玩。她說小時候坐埃及的內陸機是不禁煙的，我比她大幾歲卻沒見過飛機上有人吸煙，幸好當年沒來見識。她十年前大學畢業時在埃及的酒店實習兩年，讀過埃及話但只讀過很少標準語，之後就回法國工作。初談覺得她有點政治正確，說哪裡都有好人壞人，埃及也是，但後來再談總算是有看法的。

晚上跟在新文化出版社認識的記者碰頭，她離婚有一個兒子。不知道為甚麼總是認識到離婚的女人，是結了婚的女人不社交嗎？埃及離婚率不算高，例如在二〇一七年有九十一萬宗結婚，同年有二十萬宗離婚，但相信較集中在城市；香港在二〇一六年有五萬宗結婚，一・七萬宗離婚。

她帶著煮好的食物領著我到朋友開的電影教室一起吃晚飯。她朋友是導演，也教拍電影，她說不想生孩子，因為不想孩子在思想封閉的環境中長大。

那兒有些學電影的學生，一個又直接問我幾歲、人工多少。大夥兒吞雲吐霧，包括十幾歲的學生，一些吸捲煙一些吸香煙，我常去的新文化出版社也是煙霧瀰漫，真是怕在埃及吸得太多二手煙會肺癌。很多人早上要喝咖啡，有些埃及人早上就要先吸一壺水煙提神。

埃及煙民好多，吃東西又毫無節制，是想快點見真主吧。

大概是沒酒喝只好狠狠地吸煙？他們甚麼煙都吸，水煙、捲煙、汽車黑煙……啊，怪不得阿拉伯文叫喝煙，不叫吸煙，不是跟喝酒更像一回事了嗎。

有趣的是在埃及讀書的西方人好像也吸煙吸得更狠，但他們仍喝酒，真是雙管齊下，怪不得美國總是不夠阿拉伯文人才。顧著開派對，學到幾句阿拉伯文回家？埃及人又不去他們的腐朽派對。

去的都說英文。

我一向對這些刺激性物質沒興趣，我相信清淨無為。不就是多巴胺嗎，還不如性高潮。

自然，健康，環保，無污染。一人成行，二人成雙，三人行必有我師。

當然這方面就不及聖地的守護者沙地阿拉伯人了，娶幾個老婆，熱鬧得很。讀了好些經典好像沒說群交不清真。倒常常聽見他們特別嚮往遠東文化。

總是問我去哪裡買壯陽的中成藥。

我覺得這種秘密不能便宜了外國人，他們讓我去麥加之前是不會告訴他們的。（非伊斯蘭教徒禁止進入聖城麥加。）

有一次同學去土耳其旅行回來，請我們吃土耳其軟糖，不知怎的盒子上寫著春藥。只是有點果仁就敢這麼寫，可見他們身子有多虛。

我們那個沙地阿拉伯來的阿拉伯文老師從此改問這個哪裡有賣。

黑寡婦

約了沙發衝浪（Couchsurfing）的網友碰面，結果是個連臉也遮著、全身黑色的女子駕車來，見到這副行頭嚇一跳，想起車臣黑寡婦。

雖然打扮極保守，但她在大學讀電腦，兼職程式員。

她先帶我去新潮果汁店，我隨便選了香蕉加棗，甜死人；還是正常果汁店好，這間又貴又難喝，但適合尋找西化中產感覺的人，包括蒙面的伊斯蘭教徒。

問她為甚麼選擇蒙面，她說這樣真主的獎勵會更多。

如果天堂有這樣的真主，我寧願下地獄被永火燒，謝謝。

去了她兼職的公司，發現很巧合地跟她的女同事也在網上聊過。

我們聊旅行，聊人生，然後她們又跟我傳教。她們還在用第一因論證（世界存在必定有一個最終極原因，上帝就是這個原因），這在西方哲學裡早就駁倒了，真是聽得我要反胃。忍不住請她們聊回旅行。

埃及教育有三個系統：

一、國際學校

二、政府學校

甲、語言學校：只有阿拉伯文、地理、歷史用阿伯文，其他用英文或法文，就如香港的英文中學。

乙、一般學校

三、愛茲哈爾（Azhar，是一間歷史悠久而重要的清真寺，一直有辦學）系統

黑寡婦自小在三。她說埃及落後的原因是不夠虔誠。

她的英文比一般埃及人好，我問她是怎麼學的，她說她為了替真主做更多好事所以很努力地學習。

感謝真主，真主真是無處不在。

走之前她問我要不要去女性祈禱室看她的樣貌，於是跟著她去。看完後不免感嘆：：遮著還有漂亮的可能性。

可能她是為了這個蒙面的吧。

沙漠水兵

曠野

進入沙漠就一直想起納吉布．馬哈福茲（Naguib Mahfouz 一九一一—二〇〇六）。他是埃及大文豪，一九八八年諾貝爾文學獎得主。他的小說描寫埃及社會各類人物，改編成多套經典電影及劇集。他的重要作品《我們巷弄的孩子》（又譯《街魂》）以《聖經》故事為藍本，將上帝化為隱遁大地主，亞當化為偷看遺囑的地主兒子，摩西化為智斗官黑勾結的領袖……引起伊斯蘭極端分子不滿（伊斯蘭教徒承認《聖經》裡的先知），於一九九四年嘗試刺殺他。雖然逃過一劫，但他頸項受傷後右手神經受損，作品大減。

他的角色常常消失於曠野，或從曠野無中生有地出現。鬱悶時到曠野，修煉時到曠野，犯了罪到曠野，逃命也到曠野。

曠野就是人類佔據的一小片地方以外的整個世界。

黑沙漠

白沙漠

沙漠是最能讓人感受到亞伯拉罕諸教文學神髓的地方，《摩西五經》、《福音書》、《古蘭經》一幕一幕地上演……

感覺一不小心就會遇到上帝或魔鬼或天使。

禁域

之前聽說西部沙漠不開放，而且在二〇一五年的時候，埃及軍隊以為一群墨西哥遊客是恐怖分子，殺了十多人，所以不敢來。嚴格來說確實是不開放的，但軍警為免影響居民生計，所以並不嚴禁遊客進入，只是叫導遊避開他們，他們就當看不到。

這次去西部沙漠中的黑沙漠和白沙漠，還有中間的水晶山。黑沙漠是玄武岩（二氧化矽），白沙漠是白堊岩（碳酸鈣），水晶山就是石英（也是二氧化矽，不過是矽氧四面體）。水晶山，遠看看不出有何特別，近看就真的有水晶。

我是選烏德琴學校放假的日子來，沒想起看星的話日子不好，因為有月亮。

本來想看星看久一點，司機煮的飯好吃，吃了很多，平日吃飽會睡不著，以為可以撐久點。先是在躺在石上看星，後來因為冷而回露天的營地睡睡袋，卻很快睡著了，真沒用。始終日間是在沙漠曬著太陽的行程。

此外又看到沙漠小狐，鬼鬼祟祟的，太可愛了。不過它似乎已經習慣從人煙覓食。四點半爬起床看日出，白色沙漠上的五彩曙光，是值得的。沙漠中有貝殼，端的是滄海桑田。明年再找個沙漠看星吧，只要離開人煙就行了。

行程缺點

這間公司是去年在埃及認識的香港學生介紹給我的，我去之前又介紹給了讀中東研究碩士的朋友，他們都說很好。

於是就很有期望。

於是就有點失望。

沙漠景色很好，並沒讓人失望，問題是行程安排不是十分好。

我們早上七點坐該公司安排的車由開羅出發，十二點到達拜哈里耶（Bahariya）綠洲，卻在吃午餐的地方等了一小時才有飯吃。這麼早起床就是想早點玩呀，司機應該先通知他們的。吃完又等了一會，兩點才出發。

事後跟負責人說起，他說因為配合軍隊要求，不能那麼早進沙漠。我覺得是他們懶而已。然後我們去了兩個抽自地下水的池，一熱一冷，但並沒有甚麼特別，樣子又醜。拜託，我們是看慣日本溫泉（照片）的，你弄一個生鏽的鐵喉引水實在讓人倒盡胃口，我寧可在沙漠中的不同地貌逗留久一點。

之後就去黑沙漠、水晶山和白沙漠，晚上在白沙漠過夜。在白沙漠的時間可說充足，可以看暮光、星月和日出，但我們只留在同一個地方，對著同一堆岩石；如果早點出發，將看水池的時間擠出來，就可以多駛往不同的山丘，或四處逛逛。第二天又看另一個冷水池，也是沒有看頭；如果早上出發後，再看點不同地方，就感覺更全面，而不是每種地貌只停過一個地方，感覺很旅行團。

跟香港同學討論，大家看法相同，又想之前的朋友評語都很好，是不是年輕去旅行青春無敵，甚麼都好玩，像我此等麻煩中年女人，才嫌三嫌四。

問同行的朋友，他們就無甚意見，似乎覺得這麼熱還是坐在車裡看更舒服。

結論是，這個安排是適合多數人的，就是不太適合那些自命旅遊達人的人。

將軍與兵

這次來埃及前就四處問朋友誰要去西部沙漠，但埃及人都不願意夏天去，於是問非埃及人。東拼西湊總算找到六個人，剛好坐滿一輛四驅車，是最划算的做法。我、以前一起讀阿拉伯文的香港同學、她的埃及朋友、從沙發衝浪找來的意大利學生、我學琴的同學、學琴同學的妹妹。

香港同學的埃及朋友卻忽然說，家裡說去沙漠太危險，不讓她去。她去埃及北部海灘、土耳其都沒有問題，沙漠卻不准去。於是我再問有沒有人去，就有一個埃及男性朋友說來。其實不是那麼想讓他來，不是因為他好色，卻是因為他很囉唆很煩。

難聽點說，是以為自己是將軍的兵（香港俗語「觀音兵」的省略，類似台灣工具人的概念）。

在旅途中他亦不負所望，很囉唆很煩。

我其中一個鏡頭的自動對焦壞了，要靠手動，於是我每次拍照後他就問我對不對到焦（之前月蝕時剛巧跟他一起喝咖啡，無聊就拿起相機來拍，他又叫我要放大。廢話，誰不知道要放大，問題是我的鏡頭只是基本型號，放到最大也拍不到甚麼，他還覺得是我不懂，但他自己連單反／單眼相機也沒用過），又一直問要不要替我和香港同學拍照，但他不懂手動，試過拍不到之後卻還問。我在拍照時他又叫我看這個拍那個，非常騷擾。

和我行山的人都知道我有多膽小畏高，就這樣我走上山丘時他也說：「你不要上去！」我就說：「你別煩，我在香港爬山比這難度高多了！」

他又一直叫我掛好相機，香港朋友都覺得我拿出來收進去很婆媽，但埃及人一看見單反就覺得很貴很專業，不是記者就是間諜，其實入門單反比無反便宜啊。於是他因為覺得很貴，就很擔憂弄壞。其實用了八年，我已經不介意它壞了。和尚不急太監急甚麼。

在營地大家脫了鞋，到早上他又一直提醒我穿鞋，說我會不記得，還拿起來給我。明明口講就行吧，拿起來幹甚麼。大家都記得布殊被丟鞋吧，阿拉伯文裡面別人買了甚麼都會恭喜對方，就買鞋是恭喜地板，他居然給我挽鞋。但他不介意拿是一回事，我可介意他碰我的鞋。

總之是要迫你做他認為對的事情。

男女地位

因為在伊斯蘭世界女性地位低，就算是普通朋友之間，男性都覺得有權管教女性。女比男大也一樣，長幼的重要性不及男女。

早上離開沙漠，司機問吃不吃午飯，當時十點，我們想到回開羅要五小時，就說吃。又回到昨天的餐館。

吃完我去洗手間，出來後香港同學跟我說：「他們說這餐團費不包，行程只寫包三餐，是昨日的午晚餐和今天的早餐，這個午餐每人要五十鎊（港幣二十多，但在開羅吃飯是十至二十鎊），有四人吃要兩百，這位埃及男性朋友就立刻付了，說請大家。」他從外省坐車到開羅，半夜三點到，坐在街上等到我們七點出發，一五〇鎊（港幣六十多）的旅舍也不捨得住，卻不清不楚地付了兩百。真是一邊裝闊一邊心裡在淌血。這是他受的父權教育，亦不會等我這個女人來商討。

香港同學告訴我後我跟他說：「我是聯絡人，要不要付應該等我出來討論。你幹甚麼付？他們事先沒說要付錢，誰記得不包，哪有這樣做事的，要付款的事情一定要先說的！」我跟旅遊公司負責人議論，他又插口說：「是我們自己不記得。」我白他一眼：「我是聯絡人我來討論。」後來負責人說再減一百，就算了。但就覺得這間公司做事不可靠，尤其是一直是我跟負責人聯絡的，居然趁我不在收錢。

上車回開羅。我想拍照坐在前面，兩姊妹坐後排，香港同學跟他和意大利人坐中間一排。

過了一會香港同學用廣東話跟我說：「到油站下車時我想換位跟埃及姊妹坐。」我問為甚麼，她說因為不想跟埃及朋友貼著大腿坐。

夏天天氣熱，跟女人也不想腳貼腳，何況是男人；中間一排坐三個人又不是四個，留得出空間的。我昨天跟他坐已經婉轉地說不夠地方坐叫他坐旁邊點了，為人設想的人就會自覺不坐多於三分一，他卻還是一樣。熟朋友還說不介意，香港同學昨天才第一次見他，她很瘦，已經縮到像縮骨功了，他卻別人越縮就坐得越舒服，真是正宗 manspreading（西方批評男人在公共交通工具打開腿坐、擠到別人的做法）。

想了想，我就直接跟他說：「你坐邊點，她坐得不舒服。」於是他跟香港同學說：「你為甚麼不直接說嘛！」

我說：「她跟你不熟不好意思說呀，我昨天已經跟你說過了。這種事情你應該記得，別人不會說的。」

他說：「直說就可以呀。」

我忍不住連珠炮發：「別人不好意思說的，顯得很小器，我這樣的人才單刀直入跟你說。女性大都不喜歡碰到異性，尤其不熟的，你要記著而不是等人跟你說，沒有人會跟你說的。不好意思，我這樣坦白也是為了埃及女人的利益，希望你以後記著。埃及社會如此父權，埃及女人更不會跟你說，這樣你一輩子都不會知道別人不自在。」

埃及姊妹一直在後面比大姆指。

中途休息下車時，他私下跟說我傷害了他，說他是最不會佔人便宜的人。

我說：「我又沒說你佔人便宜！我是說要記得別人不想碰到你而已！我不是針對你，是你不會覺察到埃及社會有多父權。」

他還常說他這一代人的青春都耗費在革命了。二〇一一年埃及革命起，政權多次易手，一片亂局。

但是人心如此難以改變，革命又談何容易。

而不改變人心，革命又有何用？

急色商販

去埃及多次，也沒記得去開羅郊區的拉姆西斯二世巨型躺像，這次終於記得了。它除了是古埃及文物，還在埃及電影非常有趣的一幕中出現。

在改編自納吉布·馬哈福茲（又是他！）小說的電影《尼羅河上的絮語》中，空虛的開羅知識分子們天天在尼羅河上的船屋裡聚會喝酒吸大麻（阿拉伯文Hashish哈希什說的就是大麻，不過是取其樹脂，而非其葉），某天還坐在拉姆西斯二世像上囈語。

從開羅坐車到巴達耳順（El Badrashein），當地人就很熱心地替我找三輪車到薩卡拉（Saqqara），他們說石像在階梯金字塔旁邊。去到門口，被警員問了幾句。接著去到買票窗口，職員才說該去密·拉顯娜（Mit Rahina）博物館，氣死我，明明在小巴下車的小鎮裡。

離開時我跟警員說：「我去要拉姆西斯二世躺像，去密·拉顯娜（Mit Rahina）對嗎？」

他說：「拉姆西斯死了。」典型的埃及幽默。

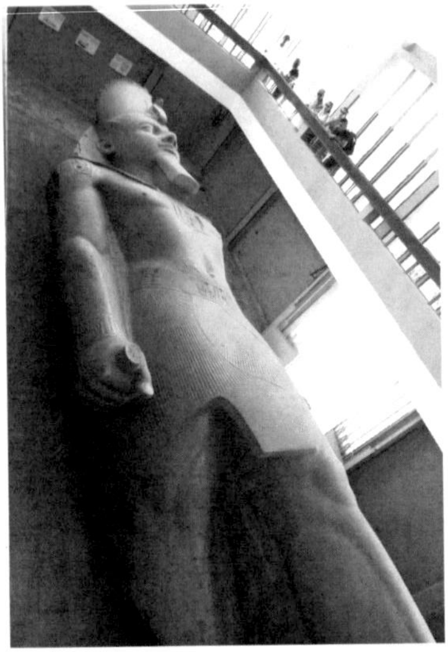

我沒好氣：「誰不知道他死了，我是說他的像在密．拉顯娜嗎？」

「是的是的。」他看來連自己守甚麼也不知道，明明我入門時就說要看拉姆西斯二世躺像。結果又要多坐一次車。

拉姆西斯二世死後三千年，我終於來到。

石像真的很大，大到近代歐洲人在一八二一年發現後也沒去動它，到一八八七年才由英國工程師用滑輪槓桿系統吊起放到現在的位置。

這座石像雖然是一種政治宣傳，但又覺得他面孔安然、帶著曖昧微笑，非常有趣，有點像蒙羅麗莎的感覺。

這個「博物館」除了巨像之外只有零星幾件雕塑，不久就看完。

進博物館前有個商人一直叫我看他賣的工藝品，於是看完博物館就看看他的攤檔，見有些不同風格，就買了幾個雕像。他又邀我去他的家族住處，下午無事，也想看看鄉村住屋是甚麼樣子，就謹慎地跟著去。

他家頗有傳統埃及鄉村的感覺，還有焗麵包的土爐。當天是星期五（穆斯林通常周五六放假，因為周五是去清真寺禮拜的日子），有些親戚聚在一起，小孩就在玩電話。

他年紀不小，還好像有兩個妻子，後來經過開羅找我喝咖啡（我為了練口語也是很努力跟不同的人聊），卻說想找中國妻子，讓我介紹。我心想這些人真的自我感覺很良好，誰要跟一個沒錢沒文化的埃及男人結婚？我就說埃及經濟這麼差，哪有中國人要搬到這裡？

其實外國女人文化差異很大，也更受不了大男人主義，不明白他們為甚麼可以看得這麼簡單。還是因為來來去去只關心這些問題，於是見到甚麼人就說要跟那個地方的人結婚？

後來他又說，在開羅街上看到漂亮的女人，感覺滿足了本能衝動。聽不下去，快快跟他道別。

這也是練阿拉伯文的兩難，要不來來去去跟幾個知識分子朋友聊，要不跟街外的人聊，就要被傳教和性騷擾。

他們哪來的自信？因為不到二百磅的人都覺得自己保養得很好，也因為覺得女人「拋頭露面」就預計了要被騷擾，甚至覺得她們心裡就是想如此。

也是他們甚麼都敢說，所以沒有毒男（不懂跟人溝通的男性）的問題，只有狗公（急色的男性）的問題？

我成了埃及姨太太

這天到開羅以北的尼羅河三角洲，遊覽朋友住的小村。他之前在開羅工作，週末才回家，但因為家人要求，就回來在附近的大學圖書館工作。這份工作人工很低，他們是靠他以前在阿聯酋工作的積蓄生活。

清早從開羅北部坐車到小鎮地亞比那琴（Dyarb Negm）。因為之前去旁邊城鎮只要個多小時，以為時間差不多，結果小巴繞過全部鄰近的村落才到，大概要兩個小時，而且是鄉村小路，車程十分難受。

到站後朋友駕車來接，很快到了小鎮旁的小村，他家所在。整棟樓都是他建的，一層給岳父岳母，一層住著他、太太和三個兒女。

他家有兩個大廳，都是三面放了坐位的，在香港是大豪宅了。

到達時已近午，天氣很熱，就一直在他家聊天，到黃昏才出去。他談到六十年代親蘇聯的納賽爾當政時，村落裡會有政府的文化機構，之後自由化就只靠穆斯林兄弟會搞各種活動。他就是這樣進了穆斯林兄弟會。妻子也是由穆斯林兄弟會安排的。結婚時他非常原教旨主義，不准她出外工作。

同時他妻子不斷從廚房端出食物，吃到不能吃為止。去年試過後，就不敢再到別人家裡。今年也是只此一次，再也不敢了。阿拉伯人十分認真待客，一點東西也可以擺得很豐富似的。也是這天才知道，原來埃及米很像珍珠米，還以為會是長型的；並且他們真的當洋芋片是一個菜。

他家裡寬敞舒適，冷氣熱水各種電器應有盡有。維持這種「豪華」生活，只須很少金錢。

只要不出門口，跟香港的千萬豪宅，沒有甚麼分別。

但分別是在門外。

黃昏時份出門閒逛，他先帶我探訪他的家族大宅。其實他應該要住在這裡，是對宗教的態度大幅轉變後，跟父母無法相處，才搬到他建給妻子家的樓房。

當然小村裡每個人都認識我朋友，每個人都看見我們一起在路上走。據他事後說，鄰居問他妻子他是否娶了第二個老婆。真是的，我莫名其妙成了埃及姨太太，外國人來玩，接待一下很奇怪麼？

很奇怪，因為根本就沒有異性的朋友。

村裡所有女人都包著頭巾。他笑說：「我太太也叫我讓你戴頭巾，減少別人的閒話。」在樓下碰到一個很老的女鄰居，她對我朋友說：「她這樣真好，我也想不戴頭巾！她是穆斯林嗎？」朋友說：「不是。」她就說：「你讓她改信呀，在這裡找個人結婚。」這就是埃及民眾的日常對話。

經過一個婚宴帳蓬，正在準備晚上宴客，就問可否進去參觀。他們非常歡迎，也容許我拍照。但在裡面有個少女叫我替她拍照，男人們就立刻說不要拍，叫我拍男人就好。

路邊就是尼羅河的小支流，雀鳥在這裡覓食棲息，然而裡面佈滿垃圾，畫面觸目驚心。如果不是這樣，村裡田間河畔的風景，其實十分美麗。

他又跟我討論如何送子女出外讀書，好讓他們逃離這裡。

而我就自覺非常幸運地像看戲一樣觀察這個地方。

美女城市曼蘇拉

這天來到三角洲城市曼蘇拉（Mansoura）。朋友住周邊小鎮，算是來探訪他。往開羅以北，可以到北面小巴站或市中心拉姆西斯火車站附近找車。這次貪近試試後者，就比較混亂，等了大半小時也不肯定有沒有車，不像在北面小巴站有明確站牌，而且是車等人。坐上小巴時才想起，上次在香港坐用作公共交通工具的小型客貨車，是小學上下課坐保姆車的時候。

埃及總是讓人回到過去。

從開羅出發，兩個半小時後到達。

埃及人喜歡說，曼蘇拉的女人最美，因為十字軍時來了些法國人。（不用問，沒有美女圖。）

曼蘇拉街景不錯，有些較古舊的歐陸建築，類似開羅市中心的感覺。尼羅河邊也開闊。但很多住宅都被遺棄了，那是一九六〇年代納塞爾總統進行國有化政策時，希臘人和其他外國人離開後的遺蹟。

聚禮的重要性

星期五沒有阿拉伯文課又沒有烏德琴課，所以常在這天出遊。但街上店鋪也放假。在火車站旁的咖啡座坐了一會，想換個地方，卻像在死城遊蕩。

星期五中午的聚禮禱完結前，除了一兩間咖啡座外，甚麼都沒有開。食肆裡有人上班，但就不肯讓我們坐下等。連商場都不讓進。只好在果汁店消磨一點時間。

《布哈里聖訓．聚禮章》（祁學義譯）說：「只要有人在聚禮日洗了大淨，盡力清潔，打了油或帶了家中備用的香水；然後去清真寺禮拜，不跨越人肩，禮規定的拜功，伊瑪目講呼圖白（講道）時靜聽，這樣，他在本聚禮日與前一聚禮之間的一切罪過都被饒恕。」

怪不得那麼多教徒自我感覺如此良好，原來只要有禮拜，就兩次聚禮之間的一切罪過都被饒恕，有禮拜就殺人放火姦淫擄掠都能夠上天堂？禮拜真的很重要。

但不明白商店關門是甚麼道理，好像這樣尊敬一點似的。

到商場開門了，卻不讓我帶相機進去，說是安全理由。要拍照的話，手機也可以，為甚麼這麼怕相機？

朋友一直很怕，叫我不要拍街景，每次拿出相機都感覺我是間諜、在竊取國家機密，到底有甚麼機密好竊取的？是如何失敗地管理一個國家？還是如何搞得遍地垃圾？

在小公園門口，職員又因為我的相機要另外收費。這可完全不是一個景點，憑甚麼相機要收費？幾乎是勒索了。

公園裡的小孩，看見相機又一直問我在拍甚麼，比鄉下的小孩更少見多怪。曼蘇拉是比較有錢的小城市，卻無來由地對相機更敏感。

在埃及常常思考，為何埃及如此失敗？我不是專門講埃及壞話，正是由於我當他們是跟我們一樣的人，才疑惑為何這裡生活如此不暢順，管理如此奇怪？但很多人就覺得不舒服，好像我歧視埃及人。

不用相同標準去量度他們才是歧視；假設他們低人一等，才會降低期望，居高臨下地「包容」他們。*

下午去了一間小書店，裡面悠閒舒服，選書又不錯，是個好地方。買了亞歷山大圖書館出版的科學史圖書。

之後去了一間有過百年歷史的Andrea咖啡座，非常有味道，招牌是希臘文阿拉伯文對照的，見證著埃及過去的外國人社群。以前有酒賣的，現在沒有了。

* 批評一個民族跟歧視的分別，第四部有更多討論。

奇怪大叔

到黃昏時分，在街上走，有個大叔走過來搭訕，先是問我朋友：「你朋友（指筆者）來旅遊？歡迎歡迎。」

朋友說：「她來學阿拉伯文。」

大叔又問：「她學得很好了？」

朋友說：「很好了，讀小說讀《古蘭經》……」

「她是穆斯林？」

朋友答：「不是。」

大叔又問：「你是基督徒還是穆斯林？」

朋友答：「我是基督徒。」

「她是基督徒？」

我忍不住插口：「我是要進火獄（伊斯蘭教對地獄的稱呼）的，可以了吧？」

實在非常討厭這種一開口就審問人的人。

朋友說：「她不喜歡這種問題……」

大叔說：「不要緊不要緊，歡迎光臨，埃及很好的，曼蘇拉的街道很漂亮……」開始自言自語。

趕快走開。

小城一日遊就這樣完結。

簡單來說，就是：

美麗的建築，奇怪的人。

亞歷山大歷險記

二〇一五年第一次去地中海邊的亞歷山大港，雖然古蹟比起開羅和樂蜀不算多，但十分欣賞亞歷山大國家博物館和亞歷山大圖書館這兩個地方。

亞歷山大國家博物館的古埃及部分特別好，雖然藏品不及開羅的埃及博物館出名，但每件展覽品都有說明，順著古王國、中王國、後王國、托納密分期，比埃及博物館好多了。而且木乃伊另外放在陰冷地下室，未到達，先心寒。

但希臘羅馬時期及之後的藏品反而不怎麼樣，還以為這部分會更好。古希臘作者明明很多都來自亞歷山大港。

而亞歷山大圖書館則不只有書，館裡有很多展覽，我由上午十一點看到晚上七點，飯也沒吃。最喜歡科學史展覽館、書稿館和古代館。

最重要的是，館裡有古代亞歷山大圖書館殘存的地板馬賽克！

馬賽克非常傳神：小狗栩栩如生，銅水壺的光影又疑幻疑真。用石子也能做到這個效果，實在讓人感動。偉大的古希臘傳統毀於基督徒手中後，要到文藝復興，才能再看到這樣精妙的藝術。

而在現代的亞歷山大圖書館中，看到古代亞歷山大圖書館的遺蹟，那種亦古亦今的對照，彷彿令人經驗了歷史本身。

有展覽．沒展覽

二〇一八年閒來無事，又去一次亞歷山大港。

因為想去希臘羅馬博物館，之前說在重修。以為朋友去過，已經修好，原來是誤會，其實仍未重開。

早有打算，改道重遊亞歷山大圖書館。

雖然幾年前已經看過裡面的展館，不過短期展覽也可以一看。

感覺亞歷山大圖書館跟國際合作比較多，展覽較有質素，出的書也特別有趣，是印象很好的地方。

但又有怪事：圖書館外大條幅宣傳電影人Ramsis Marzouk和雕塑家Adam Henein的展覽，問詢問處職員卻說不知道；圖書館裡和旁邊的展覽館都有展覽不讓進，但毫無說明，只是職員見你向那個方向走就會說不開放。

這些人上班到底做甚麼？做詢問處的第一件事不是要知道所有處所和活動？不能進

的地方貼個告示很難嗎？這些不是基本得很嗎？

看似這麼簡單的事，就是要先進地區才懂。

年輕人．神經病

逛完亞歷山大圖書館，在海邊的漂亮餐廳吃了一整個意大利薄餅，不到二十港幣。如果這裡的人的質素不是這麼低，真的很適合退休。

黃昏在海邊閒蕩、吃甜筒，有幾個青年在拍照，問我可不可以一起拍，我說不可以，他們就自拍時將我拍入鏡，非常低級幼稚。

後來站著拍海邊建築，不注意間就忽然有個看似有點問題的人貼著我走過，嚇得尖叫，他轉頭看我，其眼神令人心裡發毛。

在埃及真的不能走神，不能露出破綻。

我跟朋友聊起，為甚麼開羅橋上、亞歷山大海邊，這些舒服好逛的地方，就特別多人騷擾你，他們就說：因為這些地方不用錢，窮人也可以去，體驗就差；要收錢的地方，沒有這些無聊人，體驗就好。

落後地方，只好勢利。

有小巴．沒小巴

到了晚上，差不多該找車回開羅了，就去火車站問小巴要到哪裡坐。有人叫我坐在火車站旁邊的咖啡座等候，夠人就會有車。

坐了半小時，有點擔心。問看似是負責的人，他說：「沒有車呀，誰告訴你這裡有車坐的？」

嚇一跳，立刻進火車站問下一班火車甚麼時候開。當時大概八點半，下一班火車是十點。還有這麼久，就再出去看有沒有小巴。

剛才我問的人向我招手，我問他：「有車嗎？」

他說：「有，跟我來。」

「那你剛才為甚麼說沒有?!」

「因為有警察。」

可能你會問，為甚麼不一早買火車票？因為除了開羅——樂蜀之間的臥鋪夜車，外國人不能在火車站售票處買火車票（偏僻小站他們不理，但在亞歷山大港就不肯），只能上車補票或找人買；上車補票未必有座位，又懶得找人買，所以就坐小巴來回。

雖然當下氣死，但回想起來就很好笑。

言語無味

每次吃完開羅最有名的托力爸爸（Abu Tarek）茄豆飯也會去對面的果汁店喝我最愛的蔗汁，無聊時也會坐下來聊一會，跟勞動人民練習一下口語。

果汁店老闆

正如我在埃及遇到的很多人，果汁店老闆一直說要去外國打工，叫我帶他到中國工作。我問：「那你的朋友去外國是去哪裡打工？」他說：「科威特、沙地阿拉伯、意大利等等。」他又說：「你是穆斯林嗎？我相信人努力的話上帝就會回報。」我說我不是，他就用果汁店的冰箱講鐘錶論證（鐘錶論證是說，你在沙漠拾到鐘錶，會認為有造錶匠；世界比鐘錶更精妙，一定有造物者）。我說不用說了，我讀書就是讀這些的。

他又問我：「你那邊的人沒有宗教的規定，是不是不結婚就一起，像動物一樣？」誰更像動物？

小販

有次去時有個年輕人，他廿幾歲已經有三個小孩，只在星期五上班，一直問我拿電話叫我帶他到中國買運動鞋。埃及電話號碼每年也換，沒甚麼所謂，就給了他，他就立刻用Whatsapp給我發了一堆自拍，覺得自己很英俊似的。

我想來想去想不明白他們為甚麼自我感覺如此良好，在出版社聊天時朋友們給了我答案：

因為男女不平等，男性自小就有更好的待遇，被縱壞了，就覺得自己天下第一，沒有女性會拒絕他。我經常遇到人用一副理所當然的語氣要我的電話，說要跟中國人做生意甚麼的。你要做生意，關我甚麼事？我為甚麼要幫你？他們才不會想這類問題。

後來他又問我有沒有小孩，我說：「沒有，有小孩就沒有自己的人生。」他就問我：「你跟丈夫每星期幾次？」

我：「？？？你知不知道甚麼叫私隱？」

後來在果汁店再碰見他，他說我答應喝咖啡又反悔，如果我是他妻子就要打我一頓；我心裡暗笑，如果我是你妻子我閹割了你……

利比亞人

進店時有個人坐著跟員工聊天，我聽口音覺得像沙地阿拉伯人，就問他是不是，他說：「不是不是，我是利比亞人，卡達菲那個地方。真主保佑我免受沙地威脅，以色列都比沙地好。」

剛進來的兩個小伙子就說：「怎能這樣說？沙地是最高貴的地方，有麥加有麥地那有滲滲泉……」越說越激動。

利比亞人說：「我跟她說笑而已，不用動怒……」

小伙子繼續說：「這樣說太過分……」接著又問：「你認識她？」

利比亞人似乎怕他們做甚麼文章，就說：「不認識……我走了。」

真可惜，倒想跟他聊聊。

壯陽甜品

臨走的一天，買早餐後去喝羅望子汁。

員工在做甜品，在膠碗裡放奇異果、芒果、忌廉（鮮奶油）、甜麥糕（basbousa）等等，我問這是甚麼？

他說：「對結了婚的人好。對男人有幫助。」

他們似乎任何食物都可以說壯陽。跟中國人有得比。

我說：「看起來成份很普通，我們覺得甜品有害。」

他說：「要不要跟我試試？」

「你尊重點！」

他說：「你誤會了。」

你一罵他們就說是誤會，應該是誤會了他們能正經談話吧。

話不投機

黃昏出去找東西吃，選了一間沒到過的店吃茄豆飯，店以阿凡提命名，不過在這裡叫古哈（Guha）。

突厥尊稱「阿凡提／effendi」，本來大概意指「先生」，在新疆變成不畏權貴玩世不恭的傳說人物的名字。他的故事有如濟公傳，曾在大陸拍成動畫；而埃及經過奧斯曼帝國統治，埃及話中有好些土耳其文，其中effendi卻演變成「聽不到請重覆」的意思，實在有趣。

古哈茄豆飯的飯不好吃，遠不及托力爸爸（Abu Tarek）。就是嘛，阿凡提做飯不毒死你算走運了。

同檯的人很熱心幫我練習阿拉伯文，就跟他去旁邊的咖啡座喝東西聊了一會。不過一邊談話一邊忍不住想，怪不得總是找不到人練阿文，試想像你學一個語言卻總是遇著保守派基督徒，那也夠痛苦的。阿拉伯文就是大概這樣的情況，三句不夠又說真主叫我們做甚麼，真是煩死了。他又說了n次懂中文又懂阿拉伯文的人做導遊能賺十萬埃及鎊一個月。那又怎樣呢？四萬多港幣在埃及可能是神蹟，在香港卻不算甚麼。

遇著的人多數言語無味又蠢又大男人，想找個有程度的人聊天真是難於登天，只好乖乖交學費跟老師聊。

新文化出版社

後來終於找到一個能聊天的地方，叫新文化出版社。這間出版社以前專出左翼書籍，現在則社會、歷史、文學都有。編輯在晚上當值，常有文化人來串門子。在這裡聊天最舒服，不用重覆同樣的婚姻年齡蟑螂問題。

編輯教我很多俗語，又給我解釋電影劇本裡看不懂的字眼。跟他討論身為外國女生在開羅面對的問題，例如總是被騷擾和被視為放蕩，他理解但認為我過慮。

在這裡遇過一個從事會計的兼職攝影師，拍的照片很有品味。

有個做手工首飾的突尼斯女人，每次都帶不同食物來，像個典型阿拉伯婦人一樣一直叫人多吃，卻對政治很有看法。

又有詩人跟我說，入侵的阿拉伯人帶來埃及人不懂的阿拉伯文，溝通問題令埃及落後；地中海東岸沒有語言障礙，卻是政治問題使之落後。有點奇怪的理論，不過挺有趣。

還有民間組織職員、導演、工餘寫小說的珠寶生意人、老記者、退伍空軍、在意大利讀設計的學生等等。

最聊得來的是一個宗教碩士，那時在出版社工作。他學生時代參與穆斯林兄弟會，後來寫論文研究伊斯蘭律法，開始不再相信有真主。從狂熱分子到無神論者，變化如此極端，爭扎如是強烈，聽他說來實在有趣。他甚至認為我試圖用開明的方式解讀《古蘭經》是徒勞無功的，這樣太勉強，伊斯蘭教是沒法現代化的，不如直接放棄。他又認為阿拉伯人對以色列的看法太不切實際，這樣沒法解決問題。真是徹底反過來了。

在埃及當女人

有錢人就有自由

在地鐵，幾乎所有女人都戴頭巾；在中產餐廳，幾乎所有女人都不戴頭巾。在亞歷山大港的沙灘，因為誰都能去，女人就會穿得很保守；在中產和外國人才有錢去的渡假區，女人就可以安心穿三點式。

於是想起，曾在阿拉伯文教科書讀到一篇文章，討論黎巴嫩海灘私有化的問題。當時只看到私有化的不公，但就不知道，從另一個角度看，如果是像埃及這樣的撕裂社會，根本不會有理想的公共空間。

有錢，就有自由，是埃及女人的遊戲規則。

頭巾

頭巾是一個無處不在的議題。有些朋友讀書時跟風戴頭巾，人大了覺得不該戴就不再戴；但遇上舊識，對方第一個話題總是為甚麼不再戴，然後就是真主說要戴。也知道有人本來不戴，後來忽然戴，大概是人生遇上大事，尋求宗教的支持，就開始戴，類似香港人入獄或患絕症後信基督教那樣。

實在覺得大家花了很多無謂的精神在「真主認為身體要包裹多少」這個問題。如果有造物主，他會這麼無聊嗎？有這個時間，為甚麼不研究一些對人類有益的事情呢！沒有辦法，層次低的人就只適合低層次的信仰。無論一個宗教裡面有多少智慧，一個蠢材也只能理解最簡單最表面的規條守則。

單身女性

學烏德琴的女同學們都沒有結婚。大學生不算，二十尾到四十的都沒結婚。唯一認識一個玩樂器而結了婚的女人，她的兒女已經長大，經濟條件也很好。

有人要給一個朋友介紹結婚對象，她跟我談起，我問：「你見也不要見嗎？」

她說：「如果結婚就沒有時間做自己的事情了。」

我問：「可以結婚但不生小孩嗎？」

她說：「沒可能的。」

我說：「那還是不要結好了。」

開羅女性就業率高，但家事都由女人做，又重視生孩子。城市人雖不會無止境地生，但兩個是起碼，而且家族中的雜事也要由女人承擔，結婚實在十分不划算。但因為宗教原因，還是很重視婚姻；親戚朋友也很多管閒事，單身承受的壓力更大。

只要有相識看見你跟異性一起，就會去你父母那裡搬弄是非。

朋友轉述的好笑事：一個女人每天放工坐網約車，多事的門衛以為她每天由不同男人載回……

在香港找房子都希望有管理員，在埃及租房廣告上寫的賣點卻是：沒有門衛，或門衛不麻煩。

真是互聯網遇上舊社會。

內化

某年臨走前，去咖啡室跟店長朋友道別，他正忙著，就介紹我跟他的女朋友化妝師聊天。她的樣子很摩登，思想卻相反。

我說在開羅市中心穿個短袖都不敢，那些人死死地盯著你看，又多非禮事件。我說那是大男人主義，認為女人穿得少點就活該被搞。她就說：「那是市中心的習慣和傳統，在新開羅、在海灘渡假區就不怕。那不是錯的，是習慣和傳統，你討論文化問題應該懂這一點。從來沒有人迫我怎樣穿衣的，都是我自己選擇合適的打扮。」

我跟男人說起都沒有這種回應，女權的敵人真是女人。市中心是歐洲建築又不是清真寺區，那去侯賽因清真寺附近豈不是要蒙面？

我說埃及的男人無論多老多醜，都認為外國女人會跟他上床。她就說那不是埃及人自己想出來的，是歐洲女人真的是這樣。

這到底是甚麼人？

我說伊斯蘭教和基督教都很大男人主義，他們就說大男人主義只存在於社會層面，不是宗教的問題。

到底他們有沒有讀過《聖經》和《古蘭經》？

他們都是基督徒，說起特朗普太太和女兒去梵蒂岡要戴頭紗，他們就說那是尊重宗教傳統。

甚麼都說是傳統，傳統就有道理，傳統就不能改變的嗎？傳統不是人建立起來的嗎？傳統用活人獻祭就要繼續用活人獻祭？[1]

世間上我最想不明白的問題，就是為甚麼女人如此犯賤。[2]

1 關於文化習俗的價值判斷，見第四部的討論。

2 二〇一六年聯合國婦女署的《國際男性與性別平等調查（International Men and Gender Equality Study）》的埃及數據中，「妻子有權拒絕丈夫的性要求」這一題中，女性答是的有百分之七十三，男性答是的比率為百分之八十，認為妻子可以拒絕丈夫性要求的比率，竟是女比男低。

共同意志

盧梭等西方政治哲學家提倡政府的統治應該是共同意志（collective will）的表達，民主制度就是整理共同意志的方法。

其實也可以沒有信息內容地說，社會就是共同意志的體現。社會上多數人無知又宗教狂熱，你就得到一個髒亂麻煩的社會；社會上多數人都認可不擇手段地賺錢，你就得到一個分配不公的社會。

宗教情懷是美麗的事情，但亦可以是最危險的東西。宗教戰爭有天堂的願景，比國家號召力更強。

宗教情懷讓人的靈魂得到滿足，尤其是沒有其他滿足的窮人。艱苦勞碌的生活中，想著死後能到天堂享福，就是最後的安慰。

當大家將宗教道德視同交易，就專門集中做宗教鼓勵的事情，如建清真寺；而忽略人現世需要的東西，如醫療，以為這樣可以購買天堂的入場券。

結果就是大家活得窩囊，死得糊塗。

也是共業。

悲劇性性悲劇

二〇一七年暑假在埃及上課，跟開羅大學的阿拉伯文教授讀納吉布·馬哈福茲（Naguib Mahfouz）最具爭議性的作品《我們巷弄的孩子》（又譯《街魂》），翌年繼續上課跟另一位教授看相關作品《平民史詩》。這天看到第四部〈逃遁者〉的第十四節，男主角約了被黑幫大佬看中的女角私奔，我問：「這段男主角『答應給家族一頭羊』表示甚麼？」教授不答我，卻得意地指著緊接著的第十五節：

「黑暗帝國的某處發出尖叫聲。被恐怖和絕望撕裂的尖叫聲。很快化身為其快樂被活埋的獵物的圖象。她雙眼抗議地看著明亮的星星，它們跟歌聲的浪潮互相拍打。最後她順從於殘酷嘲弄的靜默之掌控。」

他問：「你看這段是甚麼意思？」

我說：「她被殺死了？」

「不是，是強姦。」

我抗議道：「怎麼這麼隱晦！」

教授提出證據：「性是跟黑暗聯繫的，要關燈；處女被強姦，肯定要尖叫；為甚麼看著星星？因為男上女下啊。」

這是玩推理遊戲嗎？

去年看《我們巷弄的孩子》時，第一部有一段說公羊跳到母羊身上，當時的老師又是問我：「這裡你讀到甚麼意思？」

「就是羊啊！」

他說：「不是，是暗示男配角和女配角。」

我質疑說：「怎麼不能是描寫羊？可能只是渲染他們想歡好呢？」就像「關關雎鳩」那樣用賦比興中的興啊。

他又提出證據：「接著不是說女配角懷孕了嗎？可見是說他們而不是說羊。」

好吧，我輸了。

幹嘛不直接寫！這麼避忌，好像文字獄一樣。

不准叫床

回到今年的討論，教授提出證據支持那段的意思是強姦後，接著說：「你知道嗎？在我們的傳統中，女人是不准叫床的，直到跟我同輩的間接朋友（教授大概四十歲），都有因為妻子叫床而離婚的。不正經的女人才會發出聲響。」

「真的?!沒有畫面又沒有聲音，真沒趣！」

「真的，還有專門的形容詞ghanneg形容叫床者。」

我問：「那麼是罵人的話嗎？」

他尷尬地笑：「視乎語境。」

本業是思考方法、語言哲學的我最欣賞這個回答。他想必是在別的語境用這詞了。

他接著補充：「還有諺語說：『il-miHtega ghannega』，需要者叫床。」

我問：「是說需要性還是需要錢？」

「需要錢，即是妓女。」

沒有前戲

讀《紅樓夢》、《金瓶梅》的淫聲浪語長大的我，終於在埃及感受到文化衝擊。

原因不是非禮性騷擾，不是無序的交通，不是遍地垃圾，而是不准叫床。

我說：「在歐洲的東方學者心目中，穆斯林不是很精於性事的嗎？奧斯曼帝國的禁宮總是畫成無限春光，事實上竟然保守到這個地步？是埃及特有？是鄉下農民傳統？還是遊牧民族？」

教授說：「奧斯曼帝國的禁宮如何我就不清楚了。歐洲人有這樣的印象大概是因為《天方夜譚》和中世紀的性書籍吧。你知道粗話mitneka（被操的），小時候別人罵：『你母親被操了！』我們都回說：『大家的母親都被操了，不然怎麼有你。』」

「哈哈哈哈……」

他接著說：「『被操』有甚麼問題？這樣罵不成理。我猜想是跟奧斯曼時期交不出稅的話家中女人會被強姦有關。」

「這麼過分？」

「真的，奧斯曼帝國的佔領很影響埃及文化。回到正題，我是想說，中世紀伊斯蘭學者蘇尤提（Al-Suyuti）居然寫了一本書叫《性〔與「操」同字根的nik〕知識的森林中之盛放花朵》。以前的人會寫這些，現在的人卻更保守更壓抑。」

身為一個充滿懷疑精神的哲學系畢業生，我又跟編輯朋友求證：「埃及女人真的不能叫床？教授說有人為此跟妻子離婚。」

他說：「不奇怪，你遲早肯定會看納吉布．馬哈福茲的《開羅三部曲》，第一部《兩宮間》的主人公就是在家人面前一本正經，卻天天去找妓女的雙面人。跟妓女才能玩花樣，妻子只能賢慧貞潔，她到街上轉一轉都被休了。」

「對！我看過電影。」

「他另一本小說《海市蜃樓》中，男主角就是跟妓女才能搞，對著老婆反而一開始就性無能。」

「你們真的很壓抑。」我感嘆說。

他又說：「而且很多男人認為前戲有損尊嚴。」

我說：「甚麼?!」

「堂堂男人怎麼能『服務』女人？而且如果女人有甚麼要求，一定是跟別的男人試過，又或看色情電影，男人就會怕被比下去，自尊心受威脅。」

「看色情電影也不行！看網頁學的不行嗎！」

「我是說窮人或老一輩，哪會上網。」

「對了，現在仍有女陰殘割，是嗎？」

「現在仍在做的多是窮而教育程度低的人，比以前少了。很多時候是母親堅持要做。」他答道。*

為甚麼身為女人自己經歷過，會要自己的女兒經歷！

女陰殘割，沒有前戲，一片黑暗，不准叫床，這是甚麼地獄。

怪不得大家一心想著天堂。

＊埃及的割陰方式通常是割去陰蒂。根據聯合國兒童基金會二〇一三年的報告，在二〇〇八年的人口與健康調查（Demographic and Health Survey）中，埃及十五至四十九歲的女性受過女陰殘割的比例為百分之九十一，為全球最高，其中十五至十九歲的組別較低，但仍有八成。十五至四十九歲的男女中，約五成認為女陰殘割是宗教要求，雖然伊斯蘭教經典其實並沒有這樣說。根據二〇一四年的同類調查，〇至十九歲的女性中，已經接受或母親打算會讓其接受女陰殘割的比例大概是五成。

禁止享受

一開首的時候教授就說，要理解《平民史詩》，關鍵就是性壓抑。第一部的主角ashur，他名字的字根跟動物懷孕有關，而這個詞型，多是暴力的器具，如qadum鋤鎚、shakush鎚子、saTur剁刀。照這樣的理解，他名字的意思就是指一個使動物受孕的重型器具，即是一個行走的生殖器。

主角自小受教士收養，心裡有極高的道德標準。教士急病死後，他無依無靠，打散工露宿街頭。雖然長得高頭大馬卻不願意使用武力，是後來的岳父給他工作、收留他，還讓他跟他女兒結婚，岳父死後又繼承了他的驢子，才有維生之計。雖然他心裡覺得全靠妻子，卻無法自制地娶了二太太，還是在酒吧工作的女人，而他是最反對建酒吧的，因為伊斯蘭教禁酒。

他就是一直跟自己的欲望鬥爭，卻一直被欲望控制，一直違反自己的道德標準。

我說：「你們真的很佛洛伊德。」

他說：「佛洛伊德就是在形容我們。」

想想又很有趣，佛洛伊德的猶太背景，說不定啟發了他對性壓抑的理解。而同屬閃族、跟猶太人難兄難弟的阿拉伯——伊斯蘭文化，整體上就有很多相似的地方。

差不多讀完《平民史詩》時我說：「我們上課好像一直在討論煙和性。」因為那些形容煙草種類和工具的字非常生僻，字典沒有，上網也查不到；而埃及人對性的態度我實在難以理解。

教授說：「又好像是。」

難得的是，他讀阿拉伯文，又對傳統文化歷史有深厚知識，卻能跳出來觀照自身，不會像很多讀中國文史的人，像個遺老一樣。部分相信歸功於他的博士研究，就是現代阿拉伯文中的外來字，加上常教外國人，經常接觸不同文化。

上完課去教員室拿證書。因為在這裡讀了幾個暑假，很多教師都教過我。他們問我讀完有甚麼感想，我就說：「我才跟教授說，我們上課好像一直在討論煙和性。」

戴著頭巾的女教師們就嚇了一跳的樣子。

去年教過我的基督徒女教師接口說：「因為那是人生中的享受，而人生中的享受都是被（伊斯蘭）律法禁止的。」

她們面色更差了。

我可忘了我這種話在埃及可不能隨便講。後來我跟教授說：

「不好意思，我好像毀了你的形象，哈哈哈哈……」

結語　昇華

阿拉伯男人的臉書，特別多自拍，也會在訊息中發。伊斯蘭教講究遮蓋身體，在街上男人最多是短袖長褲，在臉書卻會放沙灘裸露上身照。以他們的身材，也是很有自信。有些人穿恤衫，將領口開得很低，露出胸毛，好像覺得自己很性感似的。

其實開羅女性的教育水平和就業率都頗高，但觀念上還是非常父權。女性連不喜歡男人有肚子都不好意思說。

在街上，久不久就看見男人搔下體。他們似乎不覺得這是不雅的舉動，我想也是因為沒有女性會告訴他們這件事情。

於是男性都有跟現實不符的自信。

當精神層面物質層面都遠超於這些男人的時候，要如何跟他們相處，也是一個有趣的遊戲，處處感到不同年代不同文化不同觀念的對立。

處處感受到他們自大中的自卑。

編輯朋友問我為甚麼臉書用的照片不笑。很奇怪的問題，人像照有不同風格，一定要笑嗎？而他已經是文化人。

街上的人也喜歡叫女人笑。我心想：「憑甚麼？」大家又不認識，這樣的要求甚為無禮。背後也是當女人是死物是花瓶、專門服侍男人讓男人高興的意思。

男女關係停留在互不理解、互相利用的循環，男人只想對方答應上床、不製造麻煩就好，所以那麼希望女人笑，又厚面皮到去要求。

男女不能平等自在地相處，就只有性，沒有知己情誼；只重視對方的工具價值，而不重視對方的存在本身。結果大家都活得像動物。

但有時又想，是不是社會壓抑痛苦，反而造就了文學藝術。

佛洛伊德說的昇華。

生命枯乾，於是藝術綻放。生活裡的苦澀，輾轉反側成甜蜜的旋律。

美好的作品不是來自快樂，而是來自鬱結。

雖然一個在「落後的非洲」，一個在「優雅的歐洲」，其實隔海相望的埃及人跟意大利人的形象應該差不多：

做事混亂不可靠，但藝術、音樂蓬勃。

正是生活中沒有，於是在音樂裡歌頌現實中不存在的浪漫愛情。

是失落中的歎息。

第二部

社會

埃及速寫

古埃及的金字塔和獅身人面像人人都知道，之後埃及發生甚麼事了？先看看以下簡單年表。

埃及年表

古代時期	古埃及時期	約公元前三〇〇〇至三四三年
	波斯時期	公元前三四三年至三三二年
	希臘時期	公元前三三二年至三十年
	羅馬時期	公元前三十年至公元三九五年
	拜占庭時期	公元三九五至六四〇年
伊斯蘭時期	阿拉伯時期：包括正統哈里發、倭馬亞王朝／白衣大食、阿拔斯王朝／黑衣大食。	公元六四〇年至九三五年
	伊赫昔迪時期：由突厥奴隸伊赫昔迪（Ikhshid）建立。	公元九三五年至九六九年
	法蒂瑪王朝：什葉派，來自西北非（大概今日阿爾及利亞的位置）。	公元九六九年至一一七一年
	阿尤比王朝：建立者薩拉丁是庫爾德人，曾大敗十字軍。	公元一一七一年至一二五〇年
	馬木陸克朝：馬木陸克的意思是奴隸。此時期的統治階層，前期是俘擄來的突厥人，後期是俘虜來的切爾克斯人（Circassians，來自黑海東北岸），他們被擄到埃及受教育及訓練，成年後獲釋成為兵團成員。	公元一二五〇年至一五一七年
	奧斯曼時期：突厥大帝國的一部分。後期在埃及行省省長阿爾巴尼亞人穆罕默德·阿里帕夏（Mohammad Ali Pasha 1769—1849）治下進入半獨立狀態。	公元一五一七年至一八六七年
	總督自治時期：奧斯曼帝國承認穆罕默德·阿里帕夏的孫子伊斯梅爾帕夏（Ismail Pasha）為埃及總督。	公元一八六七至一八八二年
	英國勢力時期：英國入侵佔領，但名義上保留穆罕默德·阿里帕夏家族的統治。	公元一八八二年至一九五三年
	共和國時期	公元一九五三至今

從上表可見，埃及在古埃及時期之後經常被外族統治，以致現在已經用阿拉伯文，而不是古埃及文；只剩某些語序和口語中的零星字眼，仍保留古埃及文的影響。

阿Q史觀

饒是如此，在埃及歷史教科書的中一第一冊一開首，就看到一張地圖，上面用箭嘴標示文明傳播的方向，是由古埃及古伊拉克開始，移往古希臘古羅馬，然後傳到伊斯蘭文明，之後又傳到歐洲的現代文明。

後頁就接著說：偉大文明始自埃及、兩河流域、波斯這些東方文明，然後移向西方的希臘羅馬，之後近千年離開西方，傳往東方的伊斯蘭文明，然後再一次移向西方現代文明，最後問道：「文明將會再次遷向哪些地方？」

標準答案大概是：伊斯蘭文明要再次復興吧！

一看到地圖上的箭頭表示文明兩次由「東方」移向「西方」，覺得有點阿Q，不過也勉強可以這樣說吧。

中國人印度人看到要傷心了，不好意思，埃及人（應該說除了你們自己）沒在仰慕你的。

埃及地理

在開羅特別體驗到地理位置的重要性。開羅作為現代埃及的首都，位於尼羅河谷的結尾、三角洲的起點，向南向北走都十分方便。埃及的人口，集中在尼羅河谷和鄰接地中海的三角洲，交通都很方便：河谷和三角洲都是平地，公路大都平直舒適。

初遊舊開羅不明白何以位置不在尼羅河畔，而在更東面的地方，翻看關於開羅的歷史書，才知道其實是尼羅河道向西移了，舊城就漸漸沒落。

城市的起落，常是人跟水走。

開羅市中心區域在十九世紀下半葉由伊斯梅爾帕夏（Ismail Pasha，帕夏不是名字的一部分，是土耳其文裡面的尊稱，統治年期一八六三－七九）委托法國建築師規劃，每幾條街就有一個「廣場」，其實是一個迴旋處，但四面建築均為弧面，以廣場為中心，非常漂亮。雖然有些殘舊，但仍有味道。

市中心主要地標拖甩・洽（Talaat Harb）廣場，紀念埃及銀行創始人拖甩・洽，廣場中心有他的塑像，塑像向著陸地，而不是向著尼羅河。我覺得這樣「風水」不好，應當看著河，這樣象徵更活躍開放的精神，而不是向著陸地內向自閉。

曾經參加過辦市區翻新的伊斯瑪利亞集團搞的市中心建築導賞團（Cairo D-Tour），

非常喜歡。導遊對開羅建築史甚有研究，由穆罕默德．阿里柏夏（Mohammed Ali Pasha，統治年期一八〇五－四八）講到二十世紀中期市中心建築的演變和風格。聽完講解後再看市中心建築，不再只見到「歐陸」風格，而是留意到新古典、裝飾藝術、新藝術、新巴洛克、新伊斯蘭等等細節，眼界大開。

埃及交通

阿拉伯人喜歡取笑外國記者跟計程車司機聊一下天就當了解當地民情。初去埃及時比較多坐計程車，那時候網約車還不流行。計程車司機不肯用計程錶，上車前都要先議價，很麻煩。常會跟司機聊天練練阿拉伯文，不過說來說去也是差不多的話：來埃及做甚麼、為甚麼學阿拉伯文之類的。有經驗的學生就分享，該每次扮演不同角色，才會練到不同詞彙。

有些司機就會問我賣不賣手機，又叫我帶他們去中國買貨做生意。

埃及一般人毫無私隱概念，陌生人也會問你年齡婚姻。既然他們甚麼都問，那我也一樣八卦，細問家庭狀況，試過連家裡租金多少也問了。

想起網上說外國人討論政治有風險，那討論宗教吧：跟司機一提起頭巾他就說蒙面是不需要的，可見極保守派引起的爭論才是焦點所在，女穆斯林包頭髮的必要性在他看來是不需要討論的。

有次上車時開了計程錶，開車一會兒後無聊開始跟司機聊天，說：「計程錶是不是加了價，以前你們都不太願意用的。」司機居然立刻關掉計程錶，說：「啊，你不想用嗎，沒問題。」一氣死我，決定從此不坐開羅計程車，轉用網約車。

埃及的網約車主要是Uber和來自杜拜的Careem，網約車的司機更多樣化，很多是另有正職、順路接一兩單的，比計程車司機年輕和教育程度高，經濟能力也比較好。不過他們不熟悉路，開的路都是比較多車的。

後來索性坐小巴，更快更不用煩。小巴司機內行，開得超快，即使中途要上落客，所需時間仍比網約車短。

有次去完露天音樂會很晚，出到公園門口，自以為很熟，沒問價錢就上車，搭了一架特別貴的小巴，正後悔是不是該搭計程車，但開車發現兼遊東面墓葬區，又覺得值回票價。

開羅因為性騷擾嚴重，而且油費便宜、泊車幾乎免費，女生有能力都會盡量買車，相對來說地鐵就會比較窮的人才搭；不像香港因為駕車開銷很大，公共交通工具的環境也比較好，大家不會那麼輕易買車。

我上課是坐小巴，所以沒有在上下班時間坐地鐵。第一次見識開羅地鐵的繁忙時間，在星期四半夜（埃及是星期五六放假）：車廂超級擁擠，晚上又反智地沒有女性車廂。幸好我一早鑽進女人堆中，不用跟男人擠。一路最擔心下不到車，因為他們根本不會先讓人下車。幸好最後總算全身而退，感謝真主。

有一次坐長途巴士差不多到時，問坐我前面的伯伯哪裡下車好，他叫我坐計程車，但明明不遠。我說我想走路，下車時他卻堅持替我攔計程車還付了錢。不是說他人不好，但總括來說，就是一個男性主導、認為要保護女性的社會型態，適合不想靠自己的女人。

另一次坐長途巴士滿座，位子在一個男人旁邊，照平時的做法放一個袋子在中間隔開，但這個男人怪怪的，一直在抓癢，一會兒大腿一會兒肚腩。我怕他遲早不知抓到哪裡去，幸好這架巴士挺高檔（價錢也比較貴），一邊是單人位，一邊是雙人位，於是請求一位坐單人位的男士跟我換位。

這已是這次來埃及最有問題的事，比之前好多了，實在太好了；而且甚麼交通工具都坐過了，巴士小巴地鐵順風車，不是只坐計程車。

是的，對埃及的期望就是這麼低，沒遇上鹹豬手已經要感謝真主。

不知道是甚麼原因？是純粹運氣，是披著黑圍巾像埃及人，是在齋月前半到來大家還虔誠，是剪短了頭髮很不女人，是左右各一個帆布袋無從入手，是熟悉環境移動得快？還是開始有一種「我很熟悉這裡不要打攪我」的氣場？

也可能是二〇一一年革命後治安逐漸回復正常，所以一年比一年好。

當陌生人跟我說話嫌煩時，就裝聽不懂，有事情想問或有興趣聊天才回應；埃及話越來越好，可以流利地討論各種話題。

這樣在埃及走動，可說漸入佳境。

走私技巧

每次到達機場，都是一場戰役。來埃及最辛苦就是在開羅機場辦理離境手續了。首先進門要掃描行李，但人多非常混亂，排隊時不斷被後面的人用行李車撞腳；然後進大堂又再掃描一次，同樣混亂，不同人的東西堆在一起。但掃描兩次又如何？我的手提行李一樣有大於一〇〇毫升的液體容器、激光筆這些不知埃及機場是否准許攜帶的東西。第二次掃描時警察看到我整個行李箱的書，命令我打開來檢查，我邊打開他邊問：

「帶回去賣嗎？」

我說：「我讀阿拉伯文，買來自己看啊，書在全世界都賺不到錢的不是嗎？」他就滿意了。一個工作人員又很八卦地拿起一本來看，經我再三要求才讓我將書放回行李箱艱難地關好。

關員看到我帶那麼多書，都會覺得非常奇怪。其中一次過完X光機，關員要我割開箱子。他語帶懷疑地問：「都是書？」

助手邊用鎖匙割開一角，我邊說（阿拉伯文從沒這麼流利過）：

「不可能嗎？沒有人愛阿拉伯文嗎？我學阿拉伯文專誠來買書，我是博士（他們挺著迷於學歷的），來自香港不是大陸（有些大陸人會帶貨）……」

說得他煩才算了，又叫我要跟阿拉伯文教師結婚。

由計程車到達機場，到來到航空公司櫃檯排隊，已經用了四十五分鐘。

終於到我辦登機證，先稱行李，超重了數公斤，因為我想最多就拿出來手提嘛，結果又要開箱。拿了一袋書出來，再稱還是超了一點，不過他們也算了。但拿行李箱鎖匙時跌了家門鎖匙出來，行李托運後在機場來回找了很久，幸好原來跌在行李箱中，但當下簡直崩潰。好吧，超重是我自作孽。

在等櫃枱職員辦完後面的人的登機證再辦我的時，幾個阿拉伯小孩見我對著地板東張西望問我甚麼事，我說我在找鎖匙，他們就很認真地幫我找了一下；同機的一個香港旅行團中年女導遊以為我插隊，團員解釋說我在他們前面，她還說甚麼「女人最喜歡插隊了」。

在埃及一個月，最討厭的，是一個香港人，夠諷刺吧。

中東三寶

中東三寶卡塔爾、阿聯酋、阿提哈德三間航空公司中，還是阿聯酋最好，飛機新，節目多，所經的杜拜機場也比阿提哈德所經的阿布扎比機場舒服。雖然杜拜機場的幾何圖案也有錯（伊斯蘭幾何裝飾有特定法則，不是胡亂拼湊），但阿布扎比那個主題圖案就是錯的，看得我渾身不舒服，文化衰落不免如此。

但坐阿提哈德航空去開羅有一個好處，就是航線在第二客運大樓，比第一大樓新和寬敞，到達開羅時分別不明顯，離開開羅時分別就大了。第二客運大樓的第一重保安檢查在開著強勁冷氣的室內排隊，有欄杆不易插隊；而阿聯酋航空用第一客運大樓，要在室外曬著太陽排隊，又沒有欄杆，各人爭先恐後，行李車貼著甚至輾著前面的人，不敢留一分空間，非常狼狽。幸好這次選了阿提哈德，否則在第一客運大樓離開開羅的話我的烏德琴就很危險。

雖然第二客運大樓安檢安排較好，但離開埃及時還是發生了非常搞笑的事。當時我帶著兩個行李箱的書，還有一個小紙箱，都是打算託運的，到機場前計過應該沒有超過重量限額四十六公斤（那時候阿提哈德航空的限額真高，二〇一八年就降到三十公斤）。

誰知辦登機手續時兩個行李箱放上去已經四十五·二公斤，只好手提那個小紙箱。卻沒想起小摺刀放了在紙箱裡。到最後一重安檢的時候，職員倒是頗認真，X光看不清楚又要重照，看到似乎有利器就要我打開紙箱。因為用膠帶封得很嚴密，他就借了一把剪刀給我開箱。

開箱檢查後他沒收了我的小摺刀。

我回到家拆開行李時，卻發現他借給我的剪刀在我的箱子裡。

所以我要劫機的話還是有武器的。可惜了我精美的摺刀換來一把便宜的剪子。

公德心是甚麼東西？

一從埃及回來實在覺得香港太文明了，想來想去，終究是由人的總體質素決定一個社會的情況的，不足之處也如是。香港人自多自私淺薄，但通常理性和平，守規矩不妨礙別人。

上埃及話的時候，老師問我們居住的社區有甚麼問題，我說：「我住的地方的問題是只有大商場連鎖店，想要有點變化的話要走一段路程。」她就說：「沒有衛生問題？沒有噪音？地面沒有凹凸不平？沒有缺了水渠蓋？你那個簡直不是問題！」我說：「跟開羅比確實不是問題。」

開羅街道上垃圾不少，家居店鋪的一袋袋垃圾又會直接放在街上，晚上常被流浪貓狗撕爛弄到一地。很多地方都有蒼蠅飛來飛去。

為甚麼如此？政府和人民都有責任，政府效率很差，是一方面；人民沒有公德心，是另一方面。我想來想去他們甚至沒有類似「公德心」的概念，有「公義」、「德行」，但這些太高層次，不太能跟亂拋垃圾連繫起來。西方可能用「公民意識」，但在埃及這是中產、文化人、精英大學生才可能會著重的概念。曾經見人隨意把煙頭從天台丟出去，實在嚇我一跳。丟在人家頭上怎麼辦？丟下去後燒著甚麼東西怎麼辦？他們坐車真的是「保持車廂清潔，垃圾丟出窗外」的。店員掃門前垃圾，是掃出馬路，風一吹又回來了。

垃圾是一個例子，社會各方面很多問題都類似。不是沒有解決方法，但要各方面配合進步，不是容易的事。當地朋友認為政府肯檢控責罰就行了，但香港也用了一段時間才改善吧，而他們還有一切交給真主的思維模式。

好管閒事

埃及有一個關鍵字，叫Hisharia，這個字源自動詞Hashara，是擠到中間的意思。《古蘭經》（馬堅譯本）說：

「信道的人們啊！有人在會場中對你們說：『請你們退讓一點吧！』你們就應當退讓些，真主將使你們寬裕。」（五十八：十一）

阿拉伯人似乎都很遵守這則教訓，所以埃及的地鐵可以在七個人的坐位上擠九個人，別忘了埃及人很胖的，一百公斤是閒事（我聽到一百總是忍不住當是磅，反應不過來）。每次坐地鐵想坐，都要有被擠到塌縮的心理準備；當然那是女性車廂，如果跟男人擠就不會坐了。

而這個字的引伸義則是好管閒事。好管閒事有其好處，就是人們樂於助人；不好處更大，就是不尊重個人空間。有一個例子蠻好笑，話說上樂理課時要默寫旋律，該段旋律每個小節兩拍，我將小節裡的半拍都連起來了，坐旁邊第一次見的同學，直接拿橡皮擦擦掉我連起的部分，說這樣是錯的，只應連一拍。我跟她說這是容許的寫法，她還不信。直至讀作曲的同學幫老師批改巡到過來，認同我的說法，她才相信。她不是小孩子啊，看樣子大概三十歲。印象中讀書時從來沒有同學會擅自塗改我的東西的，中學起肯定沒有。從這裡可見埃及和香港社會的分別，就是不尊重別人的私人空間。

其中一個埃及話老師因為父親的工作而在利比亞長大，她說事後想來很慶幸小時候沒在埃及，否則就要被三姑六婆指指點點，不得安寧。香港也有多事的親戚，但程度比他們輕多了。他們連陌生人都直接問幾歲收入多少，親戚說不定連內衣也搜出來品評吧。

兵與狗公

跟埃及朋友討論「為甚麼埃及男人無論多老多醜，都認為外國女人會跟他上床」這個問題時他們都喜歡解釋說，埃及人認為外國人因為沒有宗教束縛，於是視色如食，餓就會吃，所以埃及男人都會不斷向外國人示意爭取機會。

但餓了也不至於吃糞便吧？就算肚子餓，也會找間像樣的餐館啊。他們這麼想爭取機會的話，為甚麼不減減肥，改善生活習慣，讓面色好看點呢？

跟埃及相比，香港幾乎只有兵（工具人），很少狗公（急色的男性）。這是要離開香港才感覺得到的優點。大概也是東亞文化教育大家要謙虛含蓄的好處吧。

他們如果懂得「反求諸己」就好了。

人情味

曾有香港朋友說我沒有人情味，而埃及就是一個充滿「人情味」（'asham，意指互相幫助、不客氣、買東西賒帳等等）的社會。

在烏德琴之家上樂理課，老師示範得很快，根本看不清楚手法，於是我會立刻拿出手機拍下來，回家用慢速看。有些同學就會叫我發給他。

他們不是太會考慮別人，我發檔案時問朋友：「你這樣網上收東西要不要付錢（這裡上網多數不是無限計劃），要不我用記憶棒抄給你？」她就很感動地說：「你真會替人設想。」別人叫我發東西，卻從來不問我這個短期逗留的外國人在這裡上網方不方便、貴不貴。尤其男人，叫你幫忙叫得非常理所當然，應該是慣於被女性照顧。有個男同學跟我要錄影，我發了幾次後說我的旅舍無線上網很慢叫他自己錄，他還好像覺得是我不幫忙，而不覺得已經麻煩了我。

他們比較熱心助人，但也期望別人幫助他，而不問對方願不願意。

自私比爛

這種情況，其實對社會不好，因為懶惰的人都毫不客氣地叫勤力的人幫忙，結果是拖人後腿。於是理性自利的選擇就是做懶的那個，或藏著掖著，不讓人知道自己有甚麼，以防別人來借或拿。

埃及人傳統上相信別人嫉妒的眼光會弄壞你的東西，所以要小心收起、不要炫耀。我想這才是其真正意義。

上樂理課時每次也要默譜，自然用鉛筆，卻很多人不帶橡皮擦。我旁邊的人拿去用也算了，再旁邊的人也要借，我心裡甚煩厭：難道要傳遍所有人嗎？很想說：「我從香港來都帶著橡皮擦，因為我知道要用；你們只是從家裡來，為甚麼不帶？」是覺得自己不會錯還是就打算用別人的？

這種處事習慣讓人更沒有責任感，更不會自問有沒有做好自己的份內事。

他們說話很客氣，但通常口惠而實不至，例如有些人常說：「你有甚麼需要幫忙儘管說，我們一定會幫你，因為我們的宗教叫我們要這樣做。」我對這個說法有保留，很多穆斯林（和以前的基督徒）將道德和宗教連繫起來，覺得非教徒沒有道德。其實為上帝為上天堂而做的好事，是交易而非道德，道德應該是因為認為這是對的而做，不是為了得到好處。做好事只是為了得好報，其實十分市儈。

而且到你真的找他們，很多人就用藉口推掉。他似乎將這樣說時的自我感覺良好，當成他已經幫助了你、做了好事。在街上叫人「讓一讓」，他們會很殷勤地說「請」，但很多時候並沒有讓開。

界線模糊

試過朋友聚會，我學完烏德琴帶著來，大家就叫我彈。然後有朋友的朋友，也曾學過烏德琴，第一次見面，問也不問，直接打開我的樂器袋，拿出來叫我彈。我心裡驚奇無比，從沒見過人這樣。

後來談起，朋友就說，我們覺得這樣會友善自在點，不太有「不擅自碰別人東西」的原則，尤其樂器不是十分敏感的東西。可能因為以前學的西洋樂器較貴重，師長都會非常嚴正地告誡不要擅自碰別人的樂器，所以我覺得這比拿別的東西更奇怪。

最差的情況是又蠢又多事。有人打瀉咖啡沾到我的樂譜，他說要賠我一本。我說不用了，開始撕走沾到的邊角。這樣也有其他人要多管閒事，一直說咖啡不要緊，讓它乾就好，這樣做是不必要的。我說這樣乾淨點，不然會有蟻。他就覺得我表示他髒而不高興。我的東西我喜歡這樣，關你甚麼事？

又如旅舍電梯在樓上要關好門（古老內外有門那種），因為這樣地面才能按鍵讓電梯下來；但樓上的按鍵都壞了，所以電梯在地面關門也沒用，故此我不會關。

有天早上地面大堂有個埃及男人在等人，他想叫我關門，以為我不懂阿拉伯文，就說：

「Close the bab.」（bab是門。真是的，這樣說不懂阿拉伯文的人會懂嗎？）

我說不用關，邊說邊離開，他覺得解釋不清楚，不自覺地想拉著我，我見他走近就避開並尖叫：「你走開！」他才自知失禮。他們一邊強調男女的界線，但缺少相處經驗，更不懂文明地相待。

人與人之間的界線模糊，也有其好處，就是陌生人更易說話開玩笑，但如何做到大家輕鬆開心（好的時候確實覺得埃及人特別友善幽默），又不會侵犯別人的私人空間和靜默的自由，似乎太高難度。

埃及的兩個世界

在埃及，在房間裡練琴很美好，跟音樂人聚會很美好。
在出版社聊天時不認識的人坐下來就討論文學很美好。
在街上遇到老音樂人告訴我在歌劇院工作的事情很美好。
在唱片店聽阿母．卡沁（Oum Kalthoum）的復刻黑膠碟很美好。
相反，四處有人看見外國人就兜攬生意很煩擾。
莫名其妙的騷擾搭訕很煩擾。
汽車亂泊到行人要繞道找路很煩擾。
地上的垃圾泥沙和因倒水降溫引致的濕滑難行很煩擾。

老書店

去老式的書店買書，店員都特別好聊，有一年走之前去馬得布里（Madbouly）書店填滿最後五公斤行李限額，問他們有甚麼好書介紹。他們見我在手機清楚記錄已買了哪些書，還照作者姓名字母排列（因為買了數十本怕重複，我都挑輕薄的來買，方便帶出街看），紛紛過來欣賞讚歎，又說我買的書比他們書店還齊。我笑說我可以回去開書店了。

有一次同學拜托我課後替他們在我旅舍附近的書店買書，店員說明天才會到，我說明天課程就完了，同學未必能來，他就直接指路叫我去出版社買。其中一本書《埃及利人（Masriano，作者是在埃及的意大利人，Masr是埃及的阿拉伯文叫法，此書描寫埃及社會非常精到）》我也想要，就去找，不過我路痴沒找著。問街邊書攤，他們就叫我坐下，隨便地走開去問書商，好像沒有人會偷東西似的。或許書真的沒人偷吧。

埃及有兩個世界，一個專坑遊客錢，一個很純品很簡單。

活地阿倫

之前老師說這天考完試後剩下一小時，讓我們備課討論阿拔斯王朝後期的歷史和文學。到考完試後，她又忽然說學校同事派對，不上課了。本來考試後不上課也正常，但本來說好要上臨時又不上，阿拉伯人就是這麼勤力。

一點半就下課，想著可能未開始塞車，就立刻坐計程車回旅舍。其實已開始塞了，幸好不厲害。下車時想起之前找的泉眼出版社（El-Ain Publishing）拿到地址後一直沒去，因為每天都留在學校讀書直到差不多五點交通比較暢順才走，而出版社四點就關門。正好今天早回，就立刻去，總算給我找到了。經過這門口幾次了，卻沒看到出版社牌子，真是踏破鐵鞋無覓處。

很喜歡這間出版社，選書有趣，封面設計又有品味。早知之前不在馬得布里書店買那麼多了，只能很忍手地買了幾本。

翌日經過附近，剛四點，想碰碰運氣關門了沒有。念念不忘昨天職員推薦的得獎小說，嫌略厚沒買，但行李應該還容得下，於是想補回。上到去有另一個人應門，是編輯，抽捲煙，有點神經質，挺有趣，聊了一會。他說我「古董」，將黑圍巾就這樣披在頭上，像他鄉下母親的打扮。我說：「那也不錯，表示我像埃及人，鄉下人也沒所謂。」不過他說話很快，像活地阿倫那樣。說埃及話的活地阿倫，真是聽力考驗。

巴士

從語言學校出來，看見去地鐵站的巴士就跳上去。也是這次來才發現有些中等大小的巴士，不擠，比大巴有安全感。不過很慢，不比走路快多少。

下車見到有間小書店就進去看看。正好上課的筆記在手上，就問老闆有沒有老師提到的書。他找到一些，又另外推薦了好多。也是小書店的好處，老闆通常內行。昨天在規模較大的詩集（Diwan）書店，店員查完書連阿拉伯世界極有名的巴勒斯坦詩人馬哈茂德·

達爾維什（Mahmoud Darwish）的書該去詩歌架找也不知道。

店看著殘舊細小，文學作品卻不少，還兼做出版社：著名作家陶菲格・哈基姆（Tawfiq Al-Hakim）的書以前就由他們出。好在還沒買，在這裡買了他的作品的好多舊版本，我喜歡凸版印刷摸得到字體凹凸，感覺實在多了。

找完書滿手灰塵，老闆讓我洗手，洗完他卻說：「你不帶點塵土回去留念嗎？」開羅是個神奇的地方。

綠洲隱者

今日是教學課程的最後一課，課後立刻出發往開羅附近的法尤姆綠洲（Fayoum）渡周末。先坐計程車，再坐地鐵，接著坐巴士，然後坐麵包車，沿路看著金字塔遠去。

在麵包車上問人在哪裡可以轉車往旅舍所在的突尼斯村，車上的人互問誰跟我同一目的地，其中一個乘客也是去那兒，我就跟他一起下車。接著坐了順風車他們還不肯收錢。

沿路是不錯的高速公路，旅程比我想像中舒服，不過麵包車司機大概趕著回家開齋，開車開得快到乘客投訴。

下車走了一段路到達旅舍，旅舍範圍頗大，但幾邊都沒人應門，打電話又說沒這個號碼，不禁徬徨：難道我要在村裡露宿？

法尤姆綠洲

薩拉丁城堡

於是連旁邊的門也拍了，一會兒後總算有人出來。他不是旅舍的人，但他替我打電話找旅舍主人。原來老闆跟女兒在裡頭吃飯聽不到我拍門，而員工因為齋月，吃完晚飯才會上班。齋月沒人，只有我一個住客，老闆請我一起吃飯，我就老實不客氣坐下來吃。幾天沒吃過米飯了，都是吃麵包。原來老闆是有名的作家阿卜杜．加貝爾（Abdu Gabir），短篇小說集還有德文譯本，以前在開羅當記者，逢周末作家記者之類的愛來渡假聚會。後來他嫌沒有新聞自由就索性退隱江湖到此開旅舍。

這不是峰迴路轉是甚麼。越來越有趣。

第二天去了拉仁谷（Wadi El Rayan），有三個湖，是建大壩時將水導來所形成。這些湖是淡水湖。

拉仁谷附近一邊是湖，一邊是沙漠，一邊是生，一邊是無生，一邊有樹有草有鳥有魚，一邊是怪山爛石，對比很大。黃沙映襯下湖水特別藍特別沁人心脾，此等景色絕對值得來。

最後回去卡朗湖邊的卡朗宮神廟（Qasr Qarun），屬托勒密時期，神廟崇奉鱷魚神蘇伯（Sobek），但不像較早的神廟裝飾華麗。這裡只有門廊上的眼鏡蛇雕飾，沒有壁畫文字，神像也早被移走。不過可以上神廟頂眺望附近的舊遺跡和新村鎮，古今對照。

這就是埃及難得之處，隨便一個地方都可以追溯到公元前。

晚上又跟旅舍老闆和女兒吃飯，他說起過去事跡很有趣：他曾因為共產黨員身分坐牢，他說警察不打作家不打政治犯，只打穆斯林兄弟會成員。他又說納吉布・馬哈福茲（Naguib Mahfouz）是膽小鬼，一遊行就最快走掉。他說埃及作家幾乎都坐過牢，只有納吉布・馬哈福茲、陶菲格・哈基姆（Tawfiq Al-Hakim）和塔哈・侯賽因（Taha Hussein）沒坐過。這幾個是埃及最有名的作家。

說得沒坐過牢好像不是號人物似的，是同行相妒吧。

城堡騙徒

這天放假，去薩拉丁城堡。

城堡始建於十二世紀薩拉丁時期，薩拉丁是庫爾德人，本是法蒂瑪王朝的宰相，奪權建立阿尤比王朝。他最出名的事蹟肯定是在一一八七年攻下耶路撒冷。不過現在城堡上面的建築都跟他沒有關係，時期後得多。

城堡不只在古代作軍事用途，直到英治時期，也是軍事重鎮。

今天是星期五，我來到城堡上最出名的建築穆罕默德・阿里清真寺時，正值晌禮時段。晌禮即是一天五次中的第二次，近午的禮拜；星期五的晌禮是一星期最重要、最多人去清真寺的一次禮拜。

門口的人叫我之後再來，但我想反正這時來到，一起禮拜也好，就說我是穆斯林來禮拜的，就進去了。進到去自然是去女人的角落。晌禮結束後就可以四處參觀。這座清真寺多拱頂的設計十分巧妙，彷彿一層一層地靠近天堂。

清真寺廣場上的鐘是法國國王路易·菲利浦一世所贈，而穆罕默德·阿里送過甚麼給法國？居然是今日放在巴黎協和廣場的方尖碑。

另外一座清真寺較早，是馬木陸克時期的納賽爾·穆罕默德清真寺，建於一三一八年，但薩拉丁也已經死了百多年了。這間清真寺現在並沒有用來做禮拜。

進門時有兩個男人說要穿鞋套才可以進，他們指著其他參觀者說規定要的，我沒多想就付款了。逛著逛著越想越不對，肯定是騙錢的。有個女人跟我傳教，我問她可否幫忙，她說不想跟他們衝突。

參觀完我就跟那兩個人說：「不把錢退回我就找

清真寺廣場上的鐘是法國國王路易菲利浦一世所贈，而穆罕默德阿里則送給法國協和廣場上的方尖碑。

警察。」

於是他們就把錢還我了，一個還很不甘心的樣子。我心想你要賺錢串個手鏈也好，做這騙人的勾當，白忙一場是活該。

壓軸的是不遠處的伊本・圖倫清真寺，建於八世紀，當時正值阿拔斯王朝（黑衣大食），可說是開羅最古老的完整保留下來的清真寺。

不過現在空空洞洞的，沒有教士，沒有信徒，沒有真主，沒有天使。只有兩個不斷叫人捐錢的人。

但我覺得他們太煩，沒捐錢就逃了出來。

之後本想往北，回侯賽因清真寺開齋，問路過的幾個女人怎麼走，她們說：「很遠，去幹甚麼？」我說去開齋。原來他們是一家人三代同堂，其中的祖母就邀我一起野餐開齋。他們已帶著食物，正在往區內的宰納白（Zeinab）小公園，於是我就跟著去。

他們很好客，不斷拿食物給我。但少年和小孩都自大又無知，一個說要將猶太人都殺掉，一個問中國是否很多卡菲爾（kaafir）——非穆斯林的極貶義稱呼。

埃及中上層的世界跟外界的距離不算太大，但低下層的世界實在嚇人：窮和沒有見識是正常的，很多人其實純樸而熱心，但伊斯蘭主義的自大和排他，令他們比其他地方的窮人更危險。

間諜生涯原是夢

邏輯

二〇一六年暑假在埃及的最後一天，想去伊斯蘭藝術博物館碰碰運氣。博物館在二〇一四年遭受恐怖襲擊後重修，雖然還沒重開，但見它一直有工作坊之類的活動，或許能進入參觀。

去到門口，只找到警察，他說今天是假期，沒職員上班。

之前看到國會通過今日成為革命紀念日公眾假期，但又說博物館免費開放。接著順路去去年沒時間去的鴨甸宮博物館，也是沒開。

對啊，免費入場不表示會開門，不是嗎？

革命紀念日列為假期也不表示革命成功，不是嗎？

埃及人的邏輯程度很高呢。

準時下班

到二〇一七年暑假，終於等到伊斯蘭藝術博物館重開。

伊斯蘭藝術博物館建築物本身就很美，展品也很漂亮。但缺點是沒有英文介紹，對一般遊客不夠照顧。更差的是門口寫著五時關門，到四點半就趕人走，弄得我失預算沒看完展品。連埃及人都說工作人員無理。

這裡可見埃及的官僚主義：五時關門，是工作人員五時要放工的意思，四點半就要慢條斯理地開始收結工作，不是參觀者能看到五時；是從員工的角度出發，而不是從使用者的角度。

埃及政府總部的官僚主義已經成為本地人和住在埃及的外國人的常識。有一齣戲專門取笑這一點，戲名叫《恐怖主義與烤肉》（Terrorism and Kebab），講一個埃及人想去政府總部做文件卻經歷重重困難，結果無意中脅持了一班公務員的荒謬故事。有北歐同學想跟埃及人結婚，要做很多證明文件，職員直接跟他說：「付兩千鎊（八八〇港幣，普通埃及人一個月收入）就甚麼手續也省回。」

香港特區護照免簽三個月，所以非常幸運地至今我都沒機會去埃及政府總部朝聖續簽。

快門襲擊

這天逛完一些博物館和墓地，就去北面的聖佐治教堂，因為谷歌地圖上的照片好像挺漂亮。

只是在對面馬路拍建築物的外觀，就有守衛走出來叫我刪照片，說為了安全理由。我不理離開，他就找警察追上來。警察叫我跟他去旁邊的警崗，於是我跟那兒的警察理論：「你們當我是恐怖分子還是間諜？拍個照片能有甚麼問題？你們有時間不去捉恐怖分子和鹹豬手，在這裡阻人拍照有甚麼用？」跟朋友說起我這樣對警察，他們都說我找死。

但警崗裡的警察也同意這種做法毫無道理，說是上頭命令。我說你們該跟上頭報告，這樣有害無益，連僅有的遊客都趕走。

我又跟守衛說：「我去以色列的時候他們也是這樣，拍個火車站就幾乎要拘捕我，神經兮兮的，誰都是敵人，誰都是安全隱患。這是最壞的公關，沒有人喜歡這樣的國家的。哥普特區的教堂可以拍，為甚麼這個教堂不可以拍？」

一個女教徒就插口說：「那是遊客區，這裡不是遊客區就不可以拍，我也去你的國家在街上四處拍也可以嗎？怎麼可以。」

我說：「就是可以呀，普通建築物有甚麼不可以拍的？」

總算守衛自覺理虧，而且我說我是基督徒，於是讓我參觀教堂，但還是不讓我拍照。

外面建得看不到古蹟，裡面倒像有些年月，不過確實不及哥普特區那些出名的教堂。而且谷歌地圖上的照片是錯的。

參觀的時候雜役跟我強調捐款箱在哪裡，我心想你們這樣，我再有錢也不捐的。

相機免問

這天參觀中產區扎馬力的阿衣莎・化美（Aisha Fahmy）舊宅，整修得非常漂亮的一個地方，有時還辦藝術展。

大宅建於一九〇七年，原屬阿里・化美（Ali Fahmy），埃及末代王帝法魯克一世（Farouk I）的助手。他由於不忠被法國妻子瑪格麗特・阿里巴（Marguerite Alibert）殺死後，大宅由姊妹阿衣莎・化美繼承。

進門時職員見我帶著相機，於是說：「可以用手機拍照，但不能用相機。」

我問：「為甚麼？」

答曰：「安全理由。而且照片臉書上已經有。」他們喜歡說，有人為建築物拍照，之後來恐怖襲擊，所以要禁止拍照。

「即是說，要做間諜用手機可以，用相機就不行，邏輯何在？」

女職員說：「其實好的手機跟相機也差不多了。」

我說：「那更沒道理了，這樣你的規定有甚麼用處？不好意思，但你們這種做法實在讓外國人覺得埃及很落後很莫名其妙。」

男職員說：「始終相機的功能比較強。其實我們容許拍照已經很好了，世界上不是有很多博物館不准拍照的嗎？」

「不是的，你如果全部禁止，我反而理解，因為你覺得這裡的影像很寶貴；如果你收費，我也理解，這樣可以賺錢；但你們偏偏是容許手機而不容許相機，好像相機是一件武器一樣，裡面是有精靈還是有法術？」

「我們只是職員，其實也不了解規則為甚麼是這樣……」

我說：「那就請你們跟管理層反映，這樣的規則沒有用又破壞埃及的形象。」看似先進的高級地區，一樣管理不善。

我真是很喜歡吵架。

不能公開的古地圖

這天跟學琴的同學到埃及通用圖書組織總部找音樂書籍，因為那是規模頗大的國營出版集團。不小心進了旁邊的埃及國家圖書館，就順便逛逛。

圖書館大得空空洞洞，像被遺棄的建築。裡面有音樂圖書館、錄音圖書館、藝術圖書館等。藏書不多，職員卻是莫名其妙地多。

來到手稿館，知道可以看手稿，就問職員要怎樣做。她說：「你在電腦看看有甚麼想看的吧！」一邊將她的電腦螢幕撥向我們，按鍵滾動顯示書目，但她一跟我同學聊天就停手，我們就邊聽邊瞪著她的手，等她按鍵，整件事好像在看笑片一樣荒誕。這裡的職員都非常空虛無聊，逮到人就聊天聊個沒完。後來忍不住請她讓我按鍵。

略看後跟同學各選了三份手稿，因為每天限查三份。又填表又見上級又等他們找，弄了個多小時終於看到手稿。

雖然是古物，但沒機會在電腦認真查檢有甚麼值得看的東西，只是隨便地選，也沒有驚為天人的感覺。職員又說如果要取得複印本要怎樣怎樣，並且提起他們在做電子版。

我問：「那電子版會放上網或用其他方式公開嗎？」

「沒有這麼簡單，有些東西很敏感不好隨便放上網，譬如日本跟韓國有領土爭議，這裡有一份古地圖是有關的，如果我們放了上網就不太好。」

「他們吵就隨他們吵，對你們有甚麼損害？」

「不是這樣簡單的……」

這也想得太多了吧？他是覺得這樣的資料可以作為外交武器還是怎樣？為了「敏感」就甚麼都不放，如此阻礙知識傳播，使埃及更為落後，人民接觸到的資訊更為低質素，害處又如何計算？

他們對資訊總是持負面秘密的態度。這又不是零和遊戲，有甚麼好藏著呢？他們對相機的恐懼和對資訊的負面態度跟新聞自由不發達、用無知的方式保護國家安全、將女人視為財物都有關係，總的結果就是給人非常落後無稽的感覺。

中產埃及

頂級商場

在語言學校看見阿拉伯文埃及街道版的《大富翁》很想買，那是二〇一一年的革命特別版，雖然這個版本肯定賣完了，但應該也有埃及版的吧？可惜在附近的玩具店遍尋不獲。尷尬的是窮人不會玩大富翁，有錢人不會玩埃及版，都玩英文的。

後來決定到新開羅，那裡有洲際酒店旗下的大商場Citystars，內有幾間玩具店，心想可以一網打盡，這裡也沒有就算了。

之前就常聽人說這裡是開羅最有名的商場，大概對應香港IFC、台北一〇一的地位。市外有更大更新的商場，但大家提起這裡都是很高級的感覺。而我因為在埃及要買也是買手作土產之類，所以從來沒去過。

在市中心的拉姆西斯火車站附近坐小巴，大概半小時來到。經過一群酒店，進到商場，裡面非常大，也乾淨，但有些地方還是有點暗舊的感覺。這不要緊，問題是管理一樣有埃及普遍的奇怪問題。

首先廁所沒有足夠指示牌，要問人才找得到，不知道是不是因為不好意思。更奇怪的是因為女廁多人，於是我想去傷殘廁所，管理人員（？）卻不讓去。不是因為不讓正常人去，而是因為那屬於男廁！但那個傷殘廁所只是在男廁旁，並不是在裡面，女廁旁也沒有另外的傷殘廁所。所以傷殘廁所只讓男人去是埃及只有傷殘男人的意思？

我想大致是一種將資源留給男人的習慣，就像清真寺男女分區，卻總是將大部分地方留給男人。

在商場裡，無論購物飲食，都找不足錢。這是埃及一個麻煩的地方，總是說沒零錢。在一般地方他們會問你有沒有，或找人換，小巴幾塊錢從來不敢少找；在這裡他們就一副「你有錢沒理由介意我找少你兩鎊」的表情，我抗議才設法換零錢或多找給我。

我有錢給你小費或捐掉是一回事，你沒理由不給我啊。他們就是利用人的疏忽和不好意思顯得小器的心理，佔你便宜。可惜這就顯得這個地方狡猾、不準確、不專業，破壞總體形象。

沙地阿拉伯有無印良品，這裡有名創優品，高下立見。

結果久聞其名的開羅洲際商場，還及不上香港一個地鐵站的附屬商場。

印象最深刻卻是外面一個由甲蟲車改裝的咖啡檔，比香港的美食車可愛多了。

市郊新城

朋友在距離開羅市中心三十五公里的十月六日城的別墅搞音樂聚會，於是不遠千里地從坐車去，坐地鐵轉小巴再駁優步，用了超過兩小時。

之前一說起開羅的問題，有些埃及朋友就會說你去十月六日城看看吧，那兒是中產聚居區，不一樣的，沒有開羅常見的亂局。

這次也是久聞其名終於來到了。十月六日城之名紀念一九七三年十月六日開打的埃及敘利亞聯盟對以色列之戰，以色列稱贖罪日戰爭，埃及稱十月之戰。埃敘聯盟在猶太贖罪日突襲，起初佔了上風，但之後又是敗退。

小巴駛近，沙漠裡憑空生出一個城市，黃沙石中忽然出現一批批規律的建築，非常魔幻。

十月六日城的街道確實比較寬闊，也沒有男人在遊蕩；但路上一樣破爛有泥沙，街上一樣有垃圾。

看後就覺得，他們的標準到底太低了。沒去過外國的人就會覺得外人對埃及有偏見，去過外國的人就一心想走了。

國際友人

瑞士女生

二〇一五年去到埃及，先也沒肯定要不要上課，但想想要玩整整一個月也不容易，於是報了四星期的埃及話課程，主任跟我聊了幾句當口試就派了我去第四級。職員說你現在可以立刻去上課，我就去了。這裡每星期從星期日上到星期四，當天星期二已經是第三天。

來這間學校的多數是歐洲大學生，因為美國另有專門的語言學校接待他們的學生。班上有六個人，我、瑞士女生、一休息就吸煙吸手提水煙的瑞典男生、曾在紅海渡假區工作的瑞典女生、旅行了一年的澳洲男生、上完這個月的課程會去學潛水的韓國男生。

瑞士女生跟我住同一條街，此後我們都一起搭計程車上學。她在瑞士的大學主修政治和中東研究，在這裡生活已有數月。她說本想留更久的，但這裡的人實在太煩：到附近喝個咖啡都會有十個人問你要甚麼、要不要幫忙，又肆無忌憚地盯著你，以致她本來想畢業後在中東工作，現在也只想在瑞士做跟中東有關的事情。

豬隊友

二〇一六年在開羅的荷蘭研究中心讀阿拉伯文教學課程，同學以荷蘭的阿拉伯文教授為主，另有我、一個埃及女生和一個大學讀阿拉伯文但在做行政的男生，他是華裔荷蘭人。一天下課後問有沒有人想同去金字塔，因為想去看日落。華裔男生有興趣，就一起去。以為有人一起方便些，誰知是個豬一般的隊友。

去到金字塔才知道原來四點就不准進，給一個拉生意的說服了去坐馬車。這完全違反我的原則，拉車的馬太辛苦了，給人打還要上坡。沒辦法，一時間之沒想到其他可能性。其實定下來看就知道，在門口對面的必勝客，天台正能清清楚楚看到日落時的金字塔，坐馬車的結果是日落時在馬車上，不在好位置。

說回這豬一般的隊友，他大學時主修阿拉伯文，以前在開羅待過四個月，但竟然連地鐵也沒坐過。坐三輪車我講完價付完所有錢後，他再問是不是每人付這個價錢；坐完馬車講價時他又一副任人魚肉的樣子，幾乎給馬伕按在牆上搶了，還要由我解救。越發覺得我只是個被迫的女性主義者，因為遇到的男人太沒用。

最後我付了一百鎊（大概港幣八十），見他拿著兩百鎊找回我的一百鎊，以為他付了一百鎊，翌日他才跟我說他居然付了兩張兩百鎊找回一百鎊，即是付了三百鎊，還想我「補回」一百鎊給他！

之後終於可以靜靜地坐在金字塔對面的天台。吹著晚風，在寥落星光下看著燈飾怪異的金字塔，卻一想到它們屹立了幾千年，就覺得莫名感動。這大概就是真愛，不然就是前世吧。

禁宮女子

二〇一六年的埃及話班有兩個同學，一個是半約旦血統，大學時讀國際關係，打算在埃及工作一段時間再去讀碩士；一個是法裔，其未婚夫是埃及人，感覺她未婚夫家裡很有錢。她讀完這個月就不讀了，將在英文台做主播。上課都是對話為主，可以多練習很好。

有一次上課前跟法裔同學聊天，她雖然是法國人但因為父親在沙地阿拉伯工作所以自小在那裡長大，直到大學才離開沙地阿拉伯去開羅讀開羅美國大學，然後碩士在英國讀，待了一年。

她說在沙地阿拉伯只能坐車去特定地方，而在埃及可以在街上行走，已經覺得好多了。

真有趣，看起來是歐洲人，但言論氣質像禁宮長大的女人多些，雖然她在沙地讀的是法語學校。

語言環境

至於標準語就只有一個同學，愛爾蘭人，主修阿拉伯文，這是四年學士中規定要在阿拉伯國家待的一年。她的同學暑假就走了，她則留到開學才回去，近兩個月班裡都只有她一個，直至我加入。

我們上課都是討論文學，感覺不錯，不過學埃及話後腦中都會先想到埃及話，說標準語好痛苦。

這次來課業頗多，首先教學課程有四個報告要做，簡介聽講讀寫各一節課的內容手法，然後語言課中標準語今天第一天就有三份功課。

看著一起上標準語的愛爾蘭同學，她只是主修阿文第三年，程度卻很高了（不過她男朋友是埃及人，可見學得十分投入），越發覺得二〇一二年讀完博士就應該來，有人找合適的閱讀材料給你，而且上課有壓力速讀，這樣比自修更有效率，當然埃及的阿拉伯文環境也有大幫助。

一直在探索如何達到完全自在的閱讀能力，學英文的經驗始終不同，在學校接觸這麼多年，經常要用英文，加上自己課餘的閱讀由十一二歲開始，不用太自覺地訓練速讀和略讀。相反，自修阿文時總是有餘裕逐個字看，這樣其實拖慢了進度。真實使用中講求效率，要溝通要作決定，就算閱讀也是：在快餐店看菜單總不能逐個字看又查字典，這是語言環境對讀寫的效用，聽講當然不用說了。而上課給你文章後一會就要整理要討論，也會迫你看得更快更多，這也是重要的練習；當然也是幸好這位導師見我們有能力就要求我們讀額外的資料，這樣進步更快。

下課後回旅舍睡午覺和做功課，標準語課比想像中有用，因為迫著你除了課文外還要做點資料搜集，再給你一堆相關文章然後討論，被迫加快閱讀速度。

波蘭母子

這天去了扎馬力區（Zamalek），是開羅最高級的住宅區，也是很多大使館的所在地。扎馬力區位於尼羅河的河中島上，從市中心過橋往西就到該島。該區比市中心靜和乾淨，雖然較新但也有些百年的樓宇，還有較光鮮的書店和工藝品店。

在旅舍認識的波蘭母子以前在此區住，於是兒子充當導遊帶路。

我們在萬豪酒店大堂坐了一會，酒店由島宮增建而成，島宮是建來在蘇彝士運河開幕時招待貴賓的宮殿，主要是為了討好拿破崙三世的妻子歐仁妮王后（Eugénie de

Montijo，一八二六－一九二〇）。設計挺有趣，伊斯蘭風格混合裝飾藝術風格。這也是我來埃及後第一次去真正乾淨的廁所——當然如果你花錢住四五星酒店而不像我那樣省錢住旅舍是不會這麼慘的。

開羅東部舊區跟扎馬力區的分別就好像以色列耶路撒冷跟特拉維夫的分別：一邊是古舊的建築、保守的社區，一邊是新近的建築、西化的社區；前者美麗但使人窒息，後者輕鬆自在但感覺普通。

波蘭男孩則自認學得兩邊之精萃，高中是英式國際學校，現在則在學習傳統的伊斯蘭教義。他說他是「西方人」，所以到英美進修的機會不寶貴，在這裡學伊斯蘭教才寶貴。但我心裡想他是東歐人，不是西歐人，好像不算西方先進地區；社交拘謹自矜，在國際學校學到的似是百年前的殖民地英國文化多於現代英國文化。

而他口中的「東方」文化（阿拉伯——伊斯蘭傳統文化），他也選擇了奇怪的部分：他說阿拉伯文時好用標準語，可是這在開羅完全格格不入。我問他為甚麼不說埃及話，他說：「覺得用標準語有文化些。」

開羅埃及話的跳脫活力，他不屑為伍，可是這就像現在去倫敦街頭用莎士比亞式英語，再有文化也是怪胎；十九世紀末二十世紀初的開羅，不就是兩邊兼顧的嘗試？不去了解投入這種有希望的都市文化，難道用iPhone讀《古蘭經》，就算東西合璧、回學為體西學為用？

在橫越尼羅河的橋上觀看兩邊風景，不禁感歎本應甚麼都有的城市甚麼都做不好：伊斯蘭區明明每條街都有古建築，四顧就有阿拉伯書法、幾何圖案大門，抬頭就是精緻木雕窗花、蜂窩般的門庭，但保護得不好，頗髒亂，一天到晚有人騷擾招生意搭訕討錢；市中心法式建築灰頭土臉，明明整區建築仍融和漂亮；扎馬力區號稱高級，街邊一樣有垃圾蒼蠅。

如果五十年代時，埃及人沒有革命成功、當家作主、趕走外國勢力、實行社會主義制度，今天的埃及會是新舊並存、有文化底蘊又現代化嗎？

可惜沒有如果。

阿凡提的釘子

第二年再去埃及時探望他們，他們又搬回扎馬力區的高級公寓，從露台居然看得到西面頗遠的金字塔，不過要天氣好才行。

她自稱曾在波蘭駐埃及大使館工作，認識很多政商要人。她說了好多埃及政治的陰暗面，嚇死人了。

上標準語課時導師講到阿凡提（埃及人稱為Guha）的釘子，故事說他賣了一間屋子給人卻想常去，於是賣時開出條件說要保留屋中原有的一顆釘子。成交後他就常常去拜會屋主，確保釘子還在，還要在釘子的影子下睡覺。今日阿拉伯文還會用阿凡提的釘子來比喻小事化大。

這時導師就提到二〇一六年初意大利學生被埃及警察虐殺的事件，她說這事令很多外國組織跟埃及斷絕關係，包括跟這間語言學校訂專用課程給學生的大學。她說在阿拉伯文中就會用阿凡提的釘子來形容此事，覺得是例外小事。

波蘭朋友的看法則相反，她認為意大利學生被殺不是例外，是埃及政治環境的必然結果。她常告誡我小心警察不要亂拍照，說他們有種外國人都是間諜的思考模式，惹到他們就大禍臨頭，這裡警權毫無節制，甚麼事情都可能發生。她又說幸好他們對東亞人和女人戒心較小，所以我比較安全。

而我印象中每次遇到警察他們都最關心我結了婚沒有。

埃及人眼中的中國

世界上多數人對中國的認識是成龍、李小龍、中國製造。

埃及人再加上一個：吃蟑螂。（見〈埃及人愛的問題〉。）

二〇一一年革命開始，治安混亂，有些針對西方人的襲擊，西方的遊客與生意均大減。漸漸越來越多中國人進駐，取而代之。亦有越來越多埃及人學中文，因為很缺中文導遊。孔子學院在埃及有多間分校。

埃及隨處都是中國貨，連遊客紀念品都有中國製造，常常購物前都要問清楚，總不成繞了半個地球來買中國貨吧？我去淘寶不是更好？

經常有人叫我賣電話給他們。

他們常對我說中國人聰明勤力。跟埃及人比，勤力是肯定的。

中國貨嘛，一分錢一分貨。

由於他們的傳媒質素不高，會覺得中藥甚麼都能醫。

比較關心文化時政的人又怎麼想呢？

他們知道香港和中國的關係。根據他們對英國統治埃及的看法，認為一九九七年香港是脫離邪惡殖民統治或從由先進國家控制變成由發展中國家控制。

老一輩對毛澤東有好印象，認為是他革除舊社會的陋習，建立現代中國。一九六〇年代納賽爾時期，埃及親蘇偏社會主義，知識分子亦跟隨法國喜歡左翼理論，雖然之後中蘇交惡，仍對共產中國有很多美好的投射。

不只一次看見書籍開首引用《論語》。

纏足。有人說用鐵鍊，有人說用木屐。

編輯朋友信誓旦旦地說賽珍珠的小說《大地》說纏足是用鐵鍊，就速讀了一下，覺得非常普通，而埃及人卻讀美國小說的阿拉伯文譯本來了解中國，真是不忍卒睹。（賽珍珠沒說用鐵鍊。）

一九三八年諾貝爾文學獎得主賽珍珠父母是美國在華傳教士，她在中國長大，懂中文，小說不歪曲，但沒韻味。怪不得張愛玲覺得自己能在美國走紅。

於是跟朋友說金庸說紅樓，他說金庸好像前總統穆巴拉克。國字臉果然是福相，一個名利雙收，一個出將入相，雖然最後被趕下台。

阿拉伯文老師說她小時候好像看過一套中國劇集，叫Oushin，裡面的人穿木屐限制腳部發育。

回來香港查找一下，原來是《阿信的故事》。

中國商人

在托力爸爸（Abu Tarek）吃茄豆飯，同桌男人問我是不是中國人，又說他去過廣州，有中國朋友。

以上場景很常見，是標準對答。

接著他說起翻譯的工資，說埃及人中文不行，談生意寧願請中國人翻譯，雖然人工比埃及人貴，而且他們的阿拉伯文不是那麼流利，但起碼知道中國廠商在說甚麼，翻譯出來能溝通。他一直慫恿我當翻譯，不過他口中的高人工，是一百美金一天，很一般而已，但在埃及鎊二〇一六年尾大貶值後可以是小職員一個月的工資。

接著他問我要不要去看做汽車配件生意的地方。我看反正有時間，地點又在市中心，就跟著去。地點在市中心的成功市場（Souq Al-Tawfik），附近很多咖啡座、快餐店、甜點店。去年住這邊的旅舍，經常來吃東西。

成功市場半條街賣水果，後半就變成汽車配件，像椅套、車頭燈之類的東西。批發就在樓上的小商場。

他為甚麼要帶我去看呢？因為他想裝作帶著中國廠商來談生意。中國人在這裡開始跟中國的洋人有類似功能，表示有生意做的意思。於是我裝作是不懂阿拉伯文的廠商來尋找合作機會，他就借此打通關係，找到生意再去找貨源。

於是演了一個小時中國商人，看他們如何談。我演得很好，可惜沒有對白。

我在埃及做的事情實在非常奇怪。身上想必散發著間諜的氣息。

在這裡常常被提議做貿易做導遊做口譯，但是我對這些事情不是很有興趣，做買賣只喜歡賺不了錢的如書籍文具手作；做導遊要去到接近教課的層次才會願意，叫我招呼大叔大媽是讓我死；做口譯偶爾可以，全職又好像有點悶。但起碼覺得如果說到錢，不教書也還有很多門路。

汽車配件批發市場裡滿滿的中國貨，以為自己去了廣州。

中國女學生

回旅舍時在樓下看見一堆來交流的學生在等車出去玩，聽見幾個女生說普通話，問她們要不要去沙漠，聊了一下，一個問我哪裡人，我說香港，她說：「聽出來了，普通話說得不怎麼樣……我開玩笑的。」

我心裡有氣，說：「溝通得到就可以。」

她說：「對，聽起來像中國人就行。」

甚麼叫聽起來像中國人？

***

早上在旅舍廁所，有個女生在外面突然啪啪啪啪一個勁兒地敲門，說：「妹子，我要漏了。」（她看見我進去。）

心想中國人說話真直接。

啪啪啪啪，她又敲。

「等一等。」我說。

就算你要漏了，我也不能辦事辦到一半讓給你吧？不要吵得我心浮氣躁辦不了事行不行？

匆匆完成，開門。

她站在門口，雙手按著一罐噴了一點出來的汽水。

溫馨提示：以上不代表全部中國人，正常的沒甚麼好寫。

掛羊頭賣狗肉

在得合旅舍找房間的時候認識了一個香港中文大學的學生，她是跟國際經濟學商學學生會（AIESEC）來做義工宣揚埃及旅遊業的。但該會的埃及分會安排不善，很多時候都沒事做。來個半月，只有兩星期有旅程，其他時間都自生自滅。組織內的埃及學生本應跟外地學生多交流，但夏天埃及人甚麼都懶得做，幾乎只有這些外國學生互相交流，浪費了他們深入認識埃及的機會。

後來又在知識書店認識一對土耳其情侶，見他們找阿拉伯文教科書便告訴他們開羅美國大學的書店裡較多；他們也是經該會來實習的，但根本沒有工作，太空閒便想學學阿拉伯文。他們又邀我一起喝咖啡，於是跟他們分享了一堆開羅景點和表演場地。他們說開羅伊斯蘭教時期的建築跟土耳其一樣，對他們來說沒看頭；一想也對，奧斯曼帝國的風格都差不多，對土耳其人來說自然不新鮮。男生又訴苦說在埃及大家都盯著他女朋友看，令他醋意大發很反感，強調在土耳其的城市絕對不會這樣。

現時埃及旅遊業低潮，歐美遊客大減，有些中國客但也不算多，這個埃及分會似乎是用活動名義招徠旅客，不是搞學生活動的。

去外國打工和賣中國貨

去見沙發衝浪上約來的女學生，她在太陽泉（Ain Shams）大學讀醫科，是埃及第二有名的大學。跟她聊了一會後，她叫來另一個醫科畢業生一起去咖啡座。他們倆一直討論如何去外國工作，又比較美國德國的優劣。埃及鎊貶值後大學教授人工相等於二千多港幣夠震撼，醫生月入二千鎊即八百多港幣更令人難以致信。當然也是由於我們習慣醫生收入好，近如大陸醫生人工也不高。

這天在咖啡座溫習阿拉伯文，因為在埃及不認識的人也很容易聊起來，坐在附近的女人見我學阿拉伯文，就主動教我。原來她是配音員，在咖啡座開配音班，來面試學生。但聊了一會她說想我替她從大陸找能錄音的洋娃娃，讓她放錄音進去再賣。

埃及遍地中國製造，遇上的人不是想移民，就是想從中國入口甚麼來賣。為甚麼埃及人工這麼低卻甚麼都造不出？真是悲哀。

真主的語言

坐小巴時，我用埃及話叫：「橋之前下車，謝謝！」

司機說：「啊，你懂阿拉伯文？」埃及話雖然被視為阿拉伯文的一種方言，但其實跟標準阿拉伯文分別甚大。

我：「對，我在這裡讀阿拉伯文。」

司機：「很好，這樣你能跟真主對話。」

但真主應該不講埃及話。

泛阿拉伯主義

在二十世紀中期，使用阿拉伯文的國家曾經有很強的認同感，希望能團結為一股力量，此思潮名為「泛阿拉伯主義」，埃及甚至曾經與敘利亞聯成一國。但一切在一九六七年的六日戰爭大敗於以色列後分崩離析，大家都不再奢望阿拉伯國家能站在同一陣線，成為一股強大的力量。

我最感受到泛阿拉伯主義的地方，是學烏德琴的學校，它的名字就叫「阿拉伯烏德琴之家」；雖然創辦人是伊拉克人，但因為當地長時間情況不穩，「總店」開在開羅，後來在其他地方如阿布扎比開了分校，直到最近才回歸巴格達辦校。

他們的學生在開羅開的音樂會，也強調他們有來自各個阿拉伯國家的學生。在阿拉伯國家各懷鬼胎各自為政的年代，泛阿拉伯主義要在左傾大愛的音樂人中，才存留著那麼一點點痕跡。

上阿拉伯文教學課程時，埃及老師曾提到在綜藝節目如《Arab Idol》中，可以聽到各地口音的阿拉伯文，有望融合成較為通行的阿拉伯口語，改變一直以來埃及話在電視電影中獨領風騷的情況。我跟其他地方的阿拉伯人交往時，他們如果能用英文跟你溝通，是不願意用標準語或埃及話的，因為標準語是嚴肅正式的語言，在非公務情況下用來談話，阿拉伯人會覺得很不自在，甚至也未必流利；而埃及話雖然他們會懂，但不是他們的語言，所以也不太願意用，而且他們看到外國人第一反應自然是講英文，所以我除了跟埃及人講埃及話，其他地方的阿拉伯人都寧願跟我講英文，真是氣死我了。在阿拉伯國家我會裝不懂英文，但在香港裝才沒人信。

諷刺的是，另一個聽到各種阿拉伯口音的節目，是描繪伊斯蘭國的電視劇《烏鴉（Black Crows）》。這套作品是二〇一七年齋月的電視劇，有三十集，但大概因為較有爭議性，在埃及播到二十集就被中斷。（在香港Netflix上可以看到。）

因為劇中有各地投奔伊斯蘭國的阿拉伯人，所以有各地口音。不過相信事實上語言應該更混雜，因為投奔伊斯蘭國的也有其他地方的穆斯林。電視劇是幾個阿拉伯的廣播公司聯合製作，所以劇中主要都是阿拉伯人；但劇中的語言使用情況，一定程度上也是事實。

能號召各地阿拉伯人的，居然是伊斯蘭國，實在令人感慨。

沒有文法的埃及話

標題是錯的，埃及話（埃及阿拉伯文）當然有文法，只是比古典阿拉伯文簡單。*有趣的是，遇過好些學阿拉伯文的外國人看不起埃及話，覺得文法不夠規律。

這就好笑了，因為所謂文法簡單不夠規律的埃及話，複雜程度起碼大於英文。例如埃及話現在式動詞變化有第一、二、三身、陰陽性和單眾數的不同，而英文現在式只有加s和不加s之別。但古典阿拉伯文中的動詞雙數變化、位格（case）後綴變化等等，埃及話則沒有。

既然埃及話文法比英文文法的變化多，為甚麼這些看不起埃及話文法的人又不會看不起英文文法呢？

學古希臘文、拉丁文的人會看不起英文文法簡單，學古典阿拉伯文的人就很少看不起英文文法簡單。看不起埃及話文法簡單的人，卻很少用同一個標準看不起英文文法簡單。背後是甚麼原因？

因為混淆語言的社會地位與語言學特質這兩樣東西的人實在太多。很多人都不自覺地將西方的東西分類為高級，於是英文文法比古典語言簡單也仍然可以高級，古典阿拉伯文因為像西方古典語言那樣複雜所以高級，但埃及話既不屬西方又不複雜於是就低級。

其實為甚麼複雜就好，簡單就不好？構作一個文法複雜的語言並不難，加些動詞名詞變化就可以，反之如果你不用動詞名詞變化就將事情講清楚了，為甚麼一定要加這些變化？很多時候古典語言的文法變化就是這樣被省略的。

大概是覺得這些文法規則很難掌握的人，覺得講文法複雜的語言是特別高智商的事，於是就誤以為這些語言高級？

* 其實準確來說應該是孤立vs.屈折（屈折指多inflection，即名詞、形容詞、動詞的文法變化）而不是簡單vs.複雜。

授人以母語

在香港大學上阿拉伯文課時，常想起陳雲的雜文〈授子以母語〉說：「在學校學的外語，甚至旅居歐美學的外語，一般只是學了正經的（formal）、智性的（intellectual）、低級中產階級（lower middle-class）的一套。非正式的、感性的、低下層和貴族的外語世界，我們只是一知半解。」

阿拉伯文的標準語和各地口語分別甚大，在街上跟人講標準語是奇怪的事，可是這是各國人都明白、媒介以至文學的主要語言。我們主要學的也是這個，各種口語就要自己吸收了。這個做法的優點是能跟最多人溝通，而且標準語某程度上是各種口語分化的起點，學各種口語都有一定基礎；缺點是越市井越親切越分化的語言層次我們就學得越少。

埃及來的老師的標準阿拉伯文不行，埃及口語也只是平常，他說他讀英文學校（埃及有一段時間基本上是英國殖民地），只有阿拉伯文課用阿拉伯文，別的科目都是用英文的；他連蘇菲派（Sufism，伊斯蘭教講究神秘修行的教派）都不知道是甚麼，就說讀的學校沒有宗教課，毫無慚愧之情。他在港出生長大的兒女都不會阿拉伯文，也不會中文，只會英文。

加拿大來的交換生同學問起阿拉伯文哪個口音最「高級」，像ＢＢＣ口音的英文或巴黎口音的法文那樣，埃及老師說標準語就最「高級」，然後就興致勃勃地討論英文的各種口音。他離開後我對加拿大同學說：「看，他喜歡討論英文的口音多於阿拉伯文的口音，這是哪門子的阿拉伯人、哪門子的阿拉伯文教師？你來到香港，對殖民主義的認識是大大地深入了。」加拿大同學說他跟人提起埃及老師的兒女不會阿拉伯文，對方直接贈以loser（廢人）之號。

本來他教別的科目，自己的語言不行就算了，但現在教阿拉伯文，我們背後都不滿他尸位素餐：他文法不懂，口語一般，教學方法就是逐字翻譯。文法不懂本來也可以原諒，標準阿拉伯文是另一個語言，但令人不欲觀之的是沙地阿拉伯來的老師教的文法他不太明白也不太記得，要我們反過來向他解釋，明明我們聽沙老師用阿拉伯文講課比他吃力十倍。他唯一可以教的埃及口語他也不熱衷教，美國出的教科書上有甚麼他就「朗讀」甚麼，我遷就他講埃及語混標準語，他就講英文混跟我一樣吃力的標準語。來香港幾十年，會的廣東話就只限於「鬼佬」（外國人）、「快點」、數數目。

這種沒有根，不了解所在地的文化，只會「國際英文」的人，就是本地中產階級培養兒女的榜樣。

這叫做「被殖民」，識者鄙之。

語言遊戲

維根斯坦（Ludwig Wittgenstein）在後期著作《哲學研究》中，認為語言是個有特定規則的遊戲，多於如他早期的《邏輯哲學論》所言，是描繪、反映現實世界的形態。

他舉例說有個人要建屋，對助手叫：「板。」、「柱。」、「樑。」……助手就會拿過來，完全不需要完整句子。可以想像這就是一個完整的原始語言。

這就好像新年時小孩對長輩說「恭喜發財」，對方就會拿出紅色的紙包，跟對方有沒有發財無甚關係。

學阿拉伯文的過程更是強烈地感受到這一點。

學問候、客套話、祝賀語時，常常尷尬在知道意思，但不記得正確的答話是甚麼。因為都是頗類似的話，不太好記，但你不能亂用答甲句的話來答乙句；通常可以用同字根的字回答，但也不一定。

這時最感到語言是個遊戲：「唉，我又忘了下一步怎麼玩。」只能靦腆地笑和說謝謝。

最討厭遊戲失分了。

浸淫在律法禁止的音樂中

在埃及聽音樂

開羅最值得聽的音樂會有三類：民間宗教音樂、阿拉伯古典音樂、埃及藝術歌曲。此外還有爵士樂、混合風格等。

第一類是民間宗教音樂，如扎爾（zar），這種音樂源自驅魔儀式，節奏極有感染力；又例如蘇菲神秘主義念記（dhikr）音樂，藉由不斷重複真主的名號達到與神合一的境界。有兩個地方可以聽到這類音樂，地方（Egyptian Center for Culture and Arts – Makan）和當麻劇場（El Dammah Theater）；在後者看過的扎爾表演節奏更豪放，很原始野性，表演者會戴一大串貝殼在腰上作敲擊樂器。

第二類是阿拉伯古典音樂，主要是樂團的器樂表演。阿拉伯古典音樂節奏沒那麼強勁，但有極多變化的音階，比起只有大小調的西洋古典音樂，音色更為豐富。阿拉伯古典音樂跟扎爾音樂相形之下是靡靡之音，不過我更喜歡靡靡之音。

第三類是埃及藝術歌曲，是二十世紀中葉的流行樂，取法於阿拉伯古典音樂但配合關於愛情的歌詞，旋律比阿拉伯古典音樂煽情。

第二類和第三類都能在阿拉伯音樂學院（Arab Music Institute）聽到。

阿拉伯音樂學院本身很華麗，由埃及王帝福阿德一世建於一九二四年，新伊斯蘭風格，完全是景點。很想拍照，但他們見到單反相機像見鬼一樣，只准用手機照，氣死我了。明明我的單反便宜又舊，貴的小相機不會輸給它，而手機的相機則很差，看來對著這些人做間諜有錢就行。

在阿拉伯音樂學院聽藝術歌曲音樂會，大概是懷舊金曲夜的概念，有獨唱伴唱加整隊樂團伴奏，就像五十年前演唱會的錄像。整件事於我來說是回到過去、夢境成真，但旅遊書和同學居然都沒提過。

學院又有專門的阿母．卡沁（Oum Kalthoum）音樂會。她是阿拉伯世界歷史上最有名的歌手，已經去世，音樂會是由其他人唱的。這音樂會比平常的貴，可見阿母．卡沁的曲目就已經有叫座力。除了我這個外國人，還有土耳其人來聽。節目簡介也特別認真，內附歌詞。

不過有些人在樂隊演奏的時候還在聊天，好像歌星才是節目，很討厭，尤其小提琴獨奏非常好，那些人卻說個不停，沒文化真可怕。

烏德琴之家

在沙發衝浪上認識了一個咖啡室老闆，於是去那裡喝咖啡聊天。見咖啡室裡放了一把烏德琴，就拿起來玩。

烏德琴（oud）類似結他，橫拿，左手按弦，右手撥弦。烏德琴據說源自波斯barbat，是歐洲樂器魯特琴（lute）的先祖。

因為學過大提琴，覺得不難彈，就生了想學的念頭。

他說開羅有一間有名的烏德琴學校叫烏德琴之家（Arabic Oud School），他以前在那兒學，找天帶我去報名。

這天約了他，當時齋月剛過，問過他是不是會開，要不要打電話去確認一下，他蠻有信心地說會，結果去到門房他們就說學校還在放假沒開。

後來總算去了登記。埃及人學費是三百鎊，即一三〇港幣，外國人學費是一五〇美金，即一一七〇港幣，相差近十倍。但烏德琴之家在開羅舊區，校址就是古樓，學生們在樓梯上練琴，在角落裡合奏，真是很有氣氛，宛如前世夢中。於是還是決定在烏德琴之家學，而不選其他人介紹的老師。

還有一個原因是聽說逢星期六有樂理課，因為很想了解阿拉伯音樂的樂理，所以被這一點吸引了。以為樂理課是講授樂理，結果原來所謂樂理課是一起讀譜彈奏，但也確實學到樂理，因為會著力練習不同調式（maqam），又常常要一半學生彈，一半學生唱，於是對常用調式和四分一音的效果越來越熟悉。

下午三點到四點半同時有初級樂理和中級樂理，初級樂理由零開始教讀譜，中級樂理內容是調式和簡單旋律。五點到六點則是高級樂理，彈奏樂曲，多數是二十世紀的阿拉伯音樂，也有些西樂。

星期四也有中高級樂理課，但其他老師只會說星期六，只有教樂理的老師會在星期六提起星期四也有課。這也顯示學校管理的隨意。

曾有約旦樂手來做工作坊，他將樂譜發了給學校管理人，學校管理人卻沒有發給我們。每個教師都有通訊群組，他只要發給教師就行，這麼容易的事情他卻不做，明明我們可以先行準備、練習、背譜，結果卻在樂手來到時才有樂譜，第二天就要表演，大家都準備不足。

樂器課的特點是喜歡口耳相傳，老師示範，學生照彈，好處是可以多練聽音，他們的聽音普遍比較好；不好處是效率較低和容易弄錯，有時老師自己都不肯定，又沒有譜在手，真是回到古代沒有文字的感覺。其實學校有一本練習曲，只是老師都不喜歡用樂譜；學生不一定去上樂理，所以畢業也未必能讀譜。

烏德琴之家一般要求學兩年就能考畢業試，畢業試是彈兩首曲子再問一些關於曲子的問題。畢業生有資格在烏德琴之家教學。我覺得這樣要求太低了些，大概相等於在香港流行的英國皇家音樂學院樂器考試八級。

我上過幾個老師的課，他們都有即興演奏的能力，但有些人的高音音準就不太好，對阿拉伯調式的認識也不夠仔細。另外一個問題則是他們理論訓練不足，不太懂分析傳授，例如教即興演奏，他們多數叫你多聽就好，但其實有很多常見的創作和裝飾技巧可以告訴學生，這樣可以省卻他們自行歸納的時間，直接以這些觀察為起點去學習。

每次去上課，都有大量同學一起切磋是烏德琴之家最大的優點——最仔細地替我校正撥絃姿勢的是同學，不是老師。缺點則是管理鬆散，本來單獨課是每星期三次，星期一、三、六，雖然有點浪費交通時間，但每次學一點可以吸收得較好。問題是教師有時有事就不上課或上很短時間，有時有音樂會又沒課，其他人畢業考試又沒課，雖然另外有些群體課，但總體以外國人價錢來說並不太值得，以同樣的錢可以在埃及上不少單獨課。因為課少後來我還另外付錢找了別的老師。

不過以我只上暑假來說，覺得對阿拉伯樂理的得著已經值回票價，再加上可以跟有文化的同學聊天練阿拉伯文，收穫還不錯。回程時又專找女同學坐順風車，在車上跟她們聊音樂，了解她們如何看埃及社會，有總是在跟男朋友嘔氣的傳理系學生、聲音很溫柔的國際學校法文教師、還有對埃及社會很有觀察的平面設計師。難得接觸到背景比較中產的女生，她們都有車，在街上難得遇到。

烏德琴之家的校長是伊拉克人納賽爾・沙瑪（Naseer Shamma），在阿拉伯世界十分有名，跟人提起，稍有文化的埃及人都知道他。他長年在各地教課表演，我只見過他幾次。

烏德琴之家有很多伊拉克學生，大概是因為校長是伊拉克人的原故。後來同學告訴我，這些伊拉克學生是政府資助來學琴的，學費生活費都由政府付。看來伊拉克政府不是印象中這麼無能，連音樂獎學金都有的政府應該不算情況太差？或者它像民國政府，控制不了所有地區，卻有風雅之仕呢？

這樣一想，是不是對伊拉克的觀感好多了？

買琴、遇劫

這天到烏德琴之家的老師介紹的造琴廠買琴。琴廠在新開羅，造琴師傅說會到地鐵站接我，我到了地鐵站找他時，又叫我自己找小巴。

試了兩個普通琴和一個高價琴，聽不出高價琴有甚麼好，選了普通琴中較貴的那個。造琴師傅一直說我是第一個中國人客戶，賣便宜了。買了後問人，都說很貴，除了一個同學說另一個造琴師傅覺得自己出名了，琴價更貴。也是因為埃及鎊大跌，本地人都覺得物價升得離譜，但對外人來說東西並沒變貴，還可能便宜了。當然他說賣便宜了甚麼的也不甚相信，但見跟提琴比十分便宜，就不糾纏那麼多了。其實不該這麼比的，結他也比提琴便宜。

他又介紹我找琴老師補課，但跟老師上堂時，老師說的價錢又不一樣。我想想錢也不多就付了，若上課時他不積極教，買了時間也是沒意思的。但可見他們喜歡亂開價，隨時後悔價錢說得不夠高就會反口，無甚信用。

買琴後造琴師傅邀我順便一起去看烏德琴之家的音樂會，本來說八時開始，結果快九時才開始。有些曲子真是很好聽，阿拉伯音樂跟伊斯蘭教叫拜是相關傳統，不免又想起伊斯蘭藝術越有力，就越有被利用的危險，就如《舊約》的文學造詣、什葉派十日節的殉道情懷，都能成為鼓動戰爭的力量。

完結時已十一時了，見同學們很高興還沒有走的意思，就自己離開。

在中產區扎馬力（Zamalek）街上拿著手機等網約車，竟有人一把奪過手機後逃跑，我的自動反應是尖叫，於是附近不同方向都有人過來，賊人見狀向上拋擲手機逃走，但沒跑幾步那些人就抓住了他；卻沒人說叫警察，只問我他做了甚麼。看勢頭是要打他一頓。

於是我就拾回我那個在埃及常常跌在地上的手機，再加上這樣一拋，四邊都傷痕纍纍壞，幸好還能操作。

埃及人相信別人的妒忌能毀壞你的東西，我說起我只有在埃及才常將手機跌在地上，就有人開玩笑說，因為埃及人妒忌你的智能手機：這裡並不是人人用得起智能手機，舊式手機仍然不少。其實真正原因是因為我在埃及又打傘又拿手機地圖，比較手忙腳亂。

還以為埃及沒甚麼偷竊，因為我看到很多人對財物都不十分小心的，比香港人隨意得多。想不到在窮鄉僻壤拿出單反相機沒被搶，在最中產的扎馬力拿出殘舊手機卻被搶了，總算見識了埃及的另一面。

就是這樣順路跟造琴師傅去看音樂會，他一個六十多歲已經有兩個妻子的人，之後又一直約我吃飯，說掛念我。我強調我結了婚，不會出軌，他才作罷。

音樂與律法

在烏德琴之家有一個同學在阿拉伯高等音樂學院讀作曲，她人很好，幫我很多，而且音樂學院的學生都既學阿拉伯音樂，又學西樂，大家很多共同話題。

這天我在烏德琴之家上完離開埃及前最後一次樂理課，她還去市中心的阿拉伯音樂學院上小提琴課，跟我回旅舍同路。送她去到門口，她問我要不要進去旁聽，當然要。

去年來看音樂會，想不到今年能參觀音樂學校，而且好想看他們是怎麼教小提琴的。

課室裡有二十幾人，老師從零開始教讀譜。我問同學：「這裡沒有單獨課嗎？跟你的程度差很遠，有點浪費時間。」同學說：「暑假後沒那麼多小孩子，中班也沒那麼多人報，應該會好些。」課時兩小時，先講解五線譜，後半堂再拉G大調。

有學生提到背著小提琴在街上走，有人對著她大叫「違反律法」，於是話題轉到討論音樂合不合伊斯蘭律法。

保守派認為音樂跟各種不道德行為很有關係，所以器樂是不合律法的。大家如果留意恐怖分子的宣傳，會發現配樂都是無伴奏人聲，最多加上敲擊。

對我們這些外人來說，會覺得伊斯蘭教的叫拜（adhan）就是即興演唱，但他們絕不會認為那是「音樂」——阿拉伯文有從希臘文傳入的musiqa這個字，跟英文music同源，但專指世俗音樂，不包括伊斯蘭教中的唱誦和叫拜。歐洲基督教在歷史上也有器樂不夠神聖的顧慮，但後來器樂伴奏成為常例。

老師說他大哥也曾經拉小提琴，後來演變到認為音樂不合律法；而他選擇以音樂為生，基本上和家裡斷絕了關係。

有這樣美妙的音樂傳統，學樂器不是討論合不合音律，卻是討論合不合律法，真是悲哀。

結語　三世

在埃及最開心是可以學烏德琴，和認真讀阿拉伯文學。

每次感受到甚麼精妙感人處，就覺得非常幸運，一輩子得到三個世界，好像活了三次一樣，可以同時接觸中國、西歐、阿拉伯的文學藝術思想歷史，加起來又不只接觸一個兩個傳統的感受。

更值得慶幸的是生在先進安全的香港，而不是女權特差的中東，喜歡就可以去吸收文化氣息，受不了就回來過清潔舒適的生活。

我喜歡埃及的飲食，很多賣素三文治的店，茄豆飯又是國民菜色，對素食者來說非常方便，不像香港一般食肆很難找素食，最不開心的是蘿蔔糕也總是有火腿。生活來說當然香港方便舒適安全，而埃及勝在便宜。不過因為不是在埃及長住，所以任何缺點都可以忍受，而優點也格外珍惜。

為了盡量將回程行李重量預留給書籍，外穿的衣服只帶了多一套，此外就是睡衣和一些不要的衣服預備爬山或去沙漠時御寒。結果多帶的一套衣服其實沒用，幾乎每天都是穿同一套衣服，幾天手洗一次，因為埃及天氣乾，早上就晾乾了又可以穿。生活真的可以很簡單。

行李裡唯一「不必要」但覺得很值得帶的東西是旅行電熱水壺，這樣不用去旅舍廚房用公用的，方便得多。又帶了個玻璃罐來當杯用，走時可以留下不要。這是參考小時候在大陸坐火車的經驗，那個年代人們用玻璃罐當隨身杯，在火車上裝熱水泡茶。另外帶了有掛勾的洗漱袋，洗澡時掛在廁所確實方便多了。還帶著購物袋和折疊餐盒，雖然埃及人沒有甚麼環保的概念，用非常多即棄餐具，但食店不太會預先包裝食物，所以可以很成功地用自己的餐盒毫無垃圾地外帶食物。當然，因為他們沒甚麼概念，所以要講得很清楚，否則他們可能會將三文治放進袋再放進你的食物盒。

其他幾乎甚麼都沒帶，但其實也用不著別的東西。

大家都以為我去埃及玩，其實我在埃及每日上課超累的，暑假天氣又熱，住到後來都不一定找地方去。有一年甚至考慮原訂去玩的最後一個禮拜繼續讀書，因為覺得頗有進步。不過想想再多一個禮拜未必有類似效用，還是去玩算了，始終去玩又是另一種訓練，因為街上的人說話沒有導師清楚，對聽力更有挑戰性。

但仍在開羅的時間就盡力讀書吧，沒有甚麼功利的目的，只是因為喜歡而努力，這樣簡單的生活很好。

可惜埃及很多文化寶藏知道的人不多，大家只知道古埃及，但他們近代的電影、文學、音樂都非常好。電影來說我會把伊朗放在第一位，但埃及四十至六十年代的電影不輸舊荷里活片，問題在於有字幕的版本不易找，所以其他地方的人要欣賞就不容易了。文學有中文翻譯，但你要讀外國文學不會優先去看一個埃及作家吧，也是國力、形象的問題。至於音樂，比如阿母・卡沁（Oum Kalthoum）是埃及近代最有名的流行歌手，但音樂很有內涵，這樣的情況實在十分難得，要有背後的源流，又剛好那個年代的人懂得欣賞。

所以能了解三個傳統實在覺得非常幸運。

第三部

宗教

同學說：「我們上伊斯蘭教的婚姻課時有個模擬婚禮，伊瑪目說不能由他主持，因為由他主持的話就是真的了。」
我說：「那殮葬課的模擬葬禮是不是也不能由他主持？」
她說：「為甚麼？」
我說：「那不是真的死了嗎？」

蒙昧時期

伊斯蘭教徒喜歡叫伊斯蘭教出現前的歷史做「蒙昧時期」。

他們現在才是在蒙昧時期。

不懂本國歷史

中學時對古埃及很有興趣，學過一點古埃及文。早幾年有一段時間心血來潮重溫，為了讀古埃及文的同時不荒廢阿拉伯文，於是去找用阿拉伯文寫的古埃及文教科書。

幾乎沒有像樣的。

最好的埃及學研究，終究是在歐美。落後國家連文科的學術也是不如先進國家的，不知孰因孰果了。若然連本國歷史文化的研究也不如外國，真是活該文物被搶的。當然這也跟埃及人（無論是基督教徒還是伊斯蘭教徒）普遍視古埃及為過時的異教文化有關。但歐洲的文藝復興就正正在於擺脫教會的牢籠，學習異教的希臘羅馬文化。

看過一個埃及人在電視節目中說法國人商博良（Jean-Francois Champollion 一七九

〇－一八三二）破譯古埃及文時絕大部分都譯錯了，臥獅不是表示l音，只是歐洲人因為獅子在西歐語言中是l開頭，所以才以為在古埃及文中也應當是表示l音。

這班歐洲學者才沒有這麼蠢！

臥獅本是標rw音，而古埃及文沒有l音，在托勒密時代要標希臘名字就借了來標l音。在古希臘文與古埃及文對照的羅塞塔石碑上，最早破譯的字母之一，就是臥獅。因為古埃及文中帝王的名字是用環套圈住的，意圖破譯的學者最早就注意這些名字：石碑上的希臘文部分提到托勒密（Ptolemy），古埃及文名字裡頭有臥獅，而埃及妖后Cleopatra的古埃及文寫法也有臥獅，對照之下才推斷臥獅是標l音，跟歐洲語言裡獅子叫甚麼根本沒有關係。

雖然這應該是少數的傻人，不過也可見埃及的埃及學水平能爛到甚麼程度了。

落後百年

埃及人說起古埃及歷史，最喜歡提的一本書，是美國埃及學家詹姆斯·布雷斯特德（James Breasted）於一九三三年出版的《良知的破曉》（The Dawn of Conscience），認為埃及人最早創造有道德意味的宗教，是亞伯拉罕諸教的來源。

這也太大而化之，自我膨脹了。

阿肯那頓（Akhenaten）的一神教與猶太教的關係，是猜想，並未找到直接證據。這猜想雖然有趣，但不是可靠歷史。感覺他們因為這個講法連結了古埃及與伊斯蘭教，所以特別認同。

他們好像覺得外國人也這樣說了，就肯定是對的。

古埃及研究進程如何？

法國人商博良於一八二二年破譯古埃及文字。

《良知的破曉》出版於一九三三年，自破譯文字算起，大概過了一百年。

現在是二十一世紀初，又過了近百年。

近年的很多新發現新研究，埃及人自己不太了解。

他們引述的資料，常是很舊的英文書，因為新書未有阿文譯本。

跟文化界朋友談天時，常常看見阿拉伯文翻譯不足的問題。他們喜歡看書，但阿拉伯世界總體學術水平不高，翻譯外國新書速度也不高。

書籍質素

我認為看一個地方的先進落後，看童書的水準很有代表性。

埃及最好的兒童故事書系列，就是奇蘭尼（Kemal Kilany 一八九七－一九五九）的作品，他的書有深有淺，也有從各地的傳說或文學改編的故事。可惜沒有根據生字量分級，不能很順暢地由淺入深閱讀。另外一個很受歡迎的系列，是袖珍本的推理故事，但那是少年文學多於童書。

除了這些，書店裡很多看起來圖文並茂的童書，仔細看都是翻譯，比如在日出書店（Dar El-Shorouk）買了一本《插圖兒童地圖集》，地圖畫西班牙地標居然不畫伊斯蘭統治時期的遺蹟，如果是埃及人肯定要強調的，對不對？再去看版權頁，果然原著是英文。

但沒有自家作品，肯翻譯也是好事。

說起翻譯，應該以黎巴嫩最為蓬勃。但埃及鎊大跌後，黎巴嫩進口書籍對埃及人來說很貴，埃及一般書籍在五十至七十鎊（約二、三十港幣）左右，黎巴嫩書籍卻在一五〇至二五〇鎊之間（六十多至一百港幣）。一般人買不起這個眼界。

阿拉伯文字傳媒中，也感覺黎巴嫩最好。

埃及的傳媒質素頗低，大多由國家控制不在話下；懂外語的人不是那麼多，懂的也不會做傳媒，於是外國新聞就用外電，而且只會簡短照搬。

一般人對世界各地的認識很片面，以為全世界都像埃及一樣，例如一樣多色狼。

傳媒奇怪內容很多，科學常識欠奉。很多人非常熱衷討論星座，連中國生肖都知道，別的又不見得關心。人們這麼喜歡說違反教義，星座居然不違反教義？

背後原因

貧窮是一個問題，埃及仍有很多街童小販，政府不管，可想而知教育程度可以很低。出國讀書旅行的人比例不高，翻譯不足，但外語真的學到能看書的人很少，見識受限。

懶惰是另一個問題。接觸過一些阿拉伯國家來香港玩的人，感覺他們普遍沒有好奇心，沒有毅力，喜歡吃喝購物，沒甚麼興趣了解歷史文化。他們去旅行沒有書籍，沒有參考資料，連基本指南也沒有，也沒怎麼上網研究，毫無背景知識，來到也只能憑道聽塗說，得出模糊印象。說得好聽就叫田野考察、真實經歷，但因為知識貧乏、沒有參照，並沒有整體了解。

辛苦的地方就不去，沒有娛樂性的事就不做，不認識的食物也不試。這不是貧窮的詛咒，出來旅遊的人沒有多窮，其中如沙地人的收入不比香港差。大概是社會風氣如此，又連繫到上面學術／資訊水平低落，翻譯也不足的問題。

另外一個問題是宗教限制思想。多數人甚麼都用神來解釋，世事都因神意如此，沒有懷疑精神，不要求證據。他們不只在宗教領域有此習慣，連帶在其他範疇都充滿目的論：因為神意如此所以怎樣怎樣。

他們隨口吹牛的能力甚高。可能我在香港的朋友教育水平都很高，要求有點嚴苛吧。知識分子對清晰合理的起碼標準，他們完全沒有達到。現代西方學術也沒有真的吸收到。

例如，有學者說古埃及人懂得演化論。拜托，有類似的想法和提出這個科學理論差很遠的好不好？

又例如，穆斯林喜歡說《古蘭經》講出胚胎成長過程。

《古蘭經》（二十三：十二－十四，馬堅譯本）：「我確已用泥土的精華創造人，然後，我使他變成精液，在堅固的容器中的精液，然後，我把精液造成血塊，然後，我把血塊造成肉團，然後，我把肉團造成骨骼，然後，我使肌肉附著在骨骼上，然後我把他造成別的生物。願真主降福，他是最善於創造的。」

有人說這段對胚胎的形容比當時的科學知識高，可見是神所說。拜託，早於《古蘭經》一千年的亞里士多德都講得比這個好，亞里士多德一定是神。

另有論者說血塊又能解作懸掛物和水蛭，三個解釋都很符合現代科學的發現。啊，這麼準確，那前面那句「用泥土的精華創造人」是甚麼意思？「泥土的精華」，是護膚品吧？感覺很日系很清新呢。

解釋不通就當文學語言，附會得到就當科學形容，真是輸打贏要得毫不要臉。

極端主義的土壤

認識一個來香港讀工程學博士的埃及學生，她在臉書上說敘利亞戰爭的好處是敘利亞人逃往各地，令更多人接觸到伊斯蘭教進而皈信，神的旨意很奇妙。

某些基督徒佛教徒也有相似言論。此等思路，自我安慰就算了，說出來就有幸災樂禍的意味，甚至合理化傷害別人。如果你去打聖戰，四處放炸彈，這樣就會更多人逃難，更多人信伊斯蘭教了，不是嗎？

她已經是讀到博士、去到外國的人。一般埃及人只會更差。

教徒整體的無知蒙昧、對宗教經典的盲目跟從，提供了極端主義的土壤。伊斯蘭教不等同於恐怖主義，但也不是全然無辜的。

殉道與隱遁

在開羅，從十九世紀建造的市中心一直往東走，就會時光倒流去到始建於十世紀的伊斯蘭區。這裡有無數古蹟，三步一古宅，五步一清真寺。

第一次來的時候，毫無心理準備下就走進整片古建築，彷彿回到中世紀。雖然沒有波斯的藍色那麼沁人心脾，但自有歷史的魔力。只是不免想到，有這麼多精緻的清真寺，要如何對抗教士們歪理連篇；建築藝術予人的感動，都很可能化為宗教的感染力。

再後來走進侯賽因（海珊）清真寺，裡面墓室的氣場實在太強了，簡直有衝動要決志。不過見到女人區又是瑟縮一角，還要從後門入，又清醒了。

這座清真寺原建於十二世紀，據說穆罕默德外孫侯賽因的頭葬在這裡，故名侯賽因清真寺。

什葉派持血統論，認為穆罕默德的親人都特別神聖，對他們特別尊崇，可以說比遜尼派迷信。不過我卻喜歡什葉派多些，他們有一種悲劇氣氛。雖然這叫侯賽因清真寺，可是不表示是什葉派，但對墓葬朝聖的氣氛近似。

穆罕默德除了是先知，也曾是政治領袖。早期伊斯蘭教絕對是政教合一。在穆罕默德死後，由他的同伴們共同推舉哈里發。但大家對於誰當哈里發很快就出現分歧。

穆罕默德的堂弟兼女婿*阿里的呼聲很高，卻一直沒有被選為哈里發。到第三任哈里發被刺殺後，穆罕默德的同伴們終於選立阿里。但他的軍事力量不敵一向勢力強大的倭馬亞部落，他為免多傷無辜，開戰時決定跟倭馬亞部落的穆阿維亞一世（Muawiyah I）和解。

和解後就因為被視為不夠強硬而被異見者刺殺。

阿里死後，大兒子哈桑跟穆阿維亞一世立約，將哈里發一位讓給後者，條件是穆阿維亞一世死後，哈里發要重新由穆斯林選立，不得私自傳位。但穆阿維亞一世死前，指定兒子雅季德一世（Yazid I）為繼承者。其時哈桑已死，到雅季德一世登位後，要求阿里二子侯賽因表示效忠，但軍事上毫無勝算的侯賽因選擇拒絕，於是在公元六八〇年發生在巴格達附近的卡爾巴拉之役中，與追隨者壯烈犧牲。

從容赴死，慷慨就義，卡爾巴拉之役所展示的宗教情懷，跟耶穌受難的戲劇張力接近，成為無數教徒心目中極為嚮往的榜樣。卡爾巴拉之役成了什葉派的重要節日十日節。節日慶典中，甚至會有教徒鞭打自己以體驗侯賽因的苦難。

這就是侯賽因清真寺的力量來源。

＊阿拉伯文雖然對親戚關係描寫得很清楚，例如堂兄弟直接叫做「叔伯的兒子」，不會像英文無論來自父親還是母親的家族都叫cousin，但對亂倫的禁忌沒有漢人多。《古蘭經》第四章的規定中只禁止跟姪女或兒甥女結婚，所以阿里跟他的堂姪女法蒂瑪結婚是沒有問題的。由於部落心態，所以對很多阿拉伯人來說，丈夫的第一優先人選是堂兄弟。

隱遁清真寺

在伊斯蘭舊城區一直向北走，城牆北門邊有一座哈鈴（Al-Hakim）清真寺。它建於十一世紀，創建者就是跟西歐人在十字軍戰役對壘、被其視為神經病的法蒂瑪朝

第六任哈里發哈鈐。

哈鈐清真寺很久以來已經不作清真寺用，所以沒分男女區。裡面很大很舒服，很多年輕男女在此聚會約會。我也很喜歡到哈鈐清真寺閒坐。

哈鈐在十一歲時繼位，後來越來越淡泊，經常閉關冥想。在三十六歲那年的某一晚，他如常去城外散步，再也沒有回來。

什葉派最喜歡失蹤人口了，有隱遁伊瑪目的概念，意思是領袖伊瑪目會隱遁於世，直到末日重臨，帶來光明和正義。什葉派中的最大分支是十二伊瑪目派，到第十二任就隱遁了。但另一分支伊斯瑪儀派則由第七任伊瑪目起擁立不同人物，並且視哈鈐為第十六位伊瑪目。

哈鈐清真寺讓人這麼安心，是不是因為他就隱遁於此？

迴旋舞台

伊斯蘭舊城區東南方，有一座梅夫拉維（Mevlevi）博物館。

梅夫拉維教團是魯米（Rumi）的追隨者所建立的教團，今日土耳其常見的薩瑪（sama'，意謂聆聽）儀式，據說就是源自魯米，是蘇菲神秘主義的一種修煉方法，參與者會不斷重覆真主的名號或「萬物非主，唯有真主」等語句，以求達致完全專注的狀態。

梅夫拉維博物館裡一切皆空，沒有陳設，沒有文物，建築物本身就是唯一的展品。主樓是一個由意大利人重修的迴旋舞舞台，設計很有味道。在迴旋舞儀式中，迴旋舞者會右手向天接收真主的力量，左手向地將力量傳到人間。

這裡不是受歡迎的景點，除了我，完全沒有其他遊人。身處其中，可以聽到靜默。

兩世吉慶

二〇一六年的埃及話老師很喜歡跟我討論宗教、文化問題，她推介我看的其中一齣電影是奧馬．莎李夫（Omar Sharif）主演的《有人在我們家（A Man in Our House）》（一九六一）。戲中講述埃及英殖時期行刺首相的學生逃獄，在同學家中躲避，本來可以逃往法國，但決定留下，最後在炸火藥庫時被殺。

片中他離開同學家時正值齋月晨禮的叫拜，這段實在很感人，非常有宗教情懷，是令人覺得現世一切都不重要的感動。但我每次感受到伊斯蘭教的感染力時都浮起憂慮，因為保守派可以利用這股力量延續過時的習俗，恐怖分子又可以利用這股力量叫人自爆。

上課讀小說時跟教授提起這一點，他可算知識分子中少有對伊斯蘭教還是很虔誠的人。他回應說提倡暴力的就不是伊斯蘭教，穆罕默德在《聖訓》中叫人怎樣怎樣……可是伊斯蘭教就是靠打仗起家的，開頭可說被迫，後來已是食髓知味了。恐怖主義不是主流，但有眾多容易利用的經書內容就夠了。他的說法實在回應不了我的憂慮。

街上遇到的人，總是喜歡問你是不是穆斯林、中國多不多穆斯林。好像全世界就只有這件事情重要。對他們來說，確實只有這件事情重要，因為信了真主，就可以得救。

有一年在烏德琴之家上完最後一次樂器課，過幾天就要離開埃及，走出學校門口時正值昏禮的時間，經過愛茲哈爾清真寺（Al-Azhar Mosque），叫拜聲非常好聽，抬頭看尖塔的輪廓也很美，令我很不捨得開羅；低頭看卻四處都是垃圾，地面又濕又爛。禁不住想，這裡的人解決不到現世的問題，卻妄想自己解決了後世。

抑或是有後世天堂，就不介意現世如泥。

哥普特區

埃及接近耶穌生前活動的地方，很早就有基督教。
根據埃及基督徒的傳統說法，耶穌的門徒馬可在亞歷山大港建立了埃及教會。

羅馬統治者對基督徒不友善，直至公元四世紀初君士坦丁入教。到四世紀末則反過來禁止異教崇拜，基督暴民於大約三九一年搗毀保留了亞歷山大圖書館僅存文獻的塞拉比斯神廟建築群（Serapeum）。

埃及曾經是基督教國家，後來伊斯蘭教又來了，才漸漸變成穆斯林為主的國家，但現在仍有兩成基督徒。在早期基督教文獻中經常看到埃及教士的身影，尤其對修士傳統（monasticism）影響很大。

埃及逢星期五六放假，這天是星期五不用上課，便一早起床坐地鐵去哥普特區（英文Coptic，指埃及基督徒，來自阿拉伯文qubT，此字又來自希臘文Aegyptos埃及）。來哥普特區主要想去懸空教堂望彌撒。懸空教堂大約建於公元七世紀，是開羅最有名的教堂。

懸空教堂的彌撒用哥普特文（希臘統治時開始用希臘字母書寫的古埃及文）和阿拉伯文。教士吟唱，信眾回應。邊聽邊想起香港的哥普特教會，他們只有幾個人也能做得似模似樣，算難得了。彌撒完結時大家會領聖體，所有人都用同一隻杯喝象徵耶穌寶血的紅色液體。為免參與這個神聖但不衛生的活動，快快逃走。

之後去哥普特博物館，展品不算差，包括諾斯第主義（Gnosticism）重要文獻拿戈瑪第（Nag Hammadi）經集的其中一頁。不過跟埃及博物館對比就相形見絀，說明也不是特別詳細。最有趣的反而是博物館本身，舊建築，木雕極精緻，簡直精緻到腐敗。

看完博物館後進了聖佐治教堂，聖佐治在巴勒斯坦當羅馬士兵，在公元三〇三年因信基督教而判死。這座教堂建於一九〇九。附近還有些墓地、修士遺蹟。

這天終於找到進舊城區的路，從隧道入，因為古建築比現在的地面低。如果不是碰巧見到有人出入根本不會注意到。

舊城區有很多間教堂。其中一間教堂紀念聖巴巴拉，現存建築大約建於十一世紀，她向父親傳教而被其打死，雖然殺人不對不過傳教真的很煩。

還有本．艾之拉猶太會堂（Ben Ezra Synagogue），戒備特別森嚴，又不准拍照。因為以色列強佔巴勒斯坦建國後跟埃及打過多次戰爭，本來在埃及安居樂業的猶太人開始被視為敵人，猶太建築也成為恐怖分子的襲擊目標。

猶太會堂大概建自九世紀，據說旁邊水井所在，是法老王的女兒發現摩西於是收養他的地方。

由於有上帝名號的書稿不能隨意丟棄，猶太會堂常有倉庫暫存無用的文件，這間猶太會堂的文件庫收藏了由九世紀至十九世紀的大量文書（統稱Cairo Genizah），對歷史研究有重要意義。

埃及有很多基督教聖地，因為摩西在此出生，耶穌又走難來，他喝過一口水的地方也變成教堂，於是由早上一直逛到下午三點才捨得去吃飯。在哥普特區還好，在別的地方得等到日落了，因為時值齋月，日間很少食肆開門。

吃完飯繼續在攝氏三十幾度中行進。往北一點點是開羅最早建造的清真寺：岩魯（'Amr ibn Al-‘As）清真寺。最古的部分來自七世紀，不過幾經加建。裡面很大很舒服，不過當時教士在講道，聽起來不是甚麼好事。

每次星期五進清真寺都聽到他們講道講得很激動，有那麼值得激動嗎？是在叫人去死嗎？冷靜一點行不行？叫禮拜叫得像要哭我可以理解，挺好聽的，雖然喇叭調得太大聲了，每逢叫禮拜時實在無一處清靜，每條街都有一個調得太大聲的清真寺喇叭。但講道激動到叫人去打聖戰一樣，有甚麼意思呢？不講理性只會永遠落後永遠沉淪。

每看到喜歡的清真寺和教堂就悲喜參半，因為宗教的號召力越強，宗教改革就越困難。尤其亞伯拉罕諸教一神排他、獨斷恐嚇，但又容易傳播推廣，實在危險。

當宗教將壓抑保守跟真正的美德混在一起，然後將任何改革視為道德敗壞，其他人可以作何對策？當教徒將教規視為神聖，但忽略其他重要事情，其他人又可以怎辦？

我不知道。

休息感慨完，到對面的小店買盒裝果汁，要沒有額外加糖的。店員奇怪，我就說：「因為健康啊。」他仍奇怪，然後忽地恍然大悟道：「啊，為了眼睛。」他們想必是常見糖尿病壞眼，所以覺得少吃糖是為了保護眼睛。可見他們對營養學無知到甚麼程度，他們也不覺得需要改變，因為活多久是真主的意旨。

接著繼續走，想去尼羅河邊。無意中發現還有三間教堂值得一看。其中一間是聖馬古里奧（Saint Mercurius）教堂，現存建築來自十二世紀，裡面有一個隱修士修道的洞穴，是屬於聖巴心（Barsoum）的，他的外號是「裸人」。那個洞穴很小，就是供一個人躲在裡面的。摒除其他干擾，就是修行人的追求吧。

但摒除了其他干擾，是否就能見到自己，或見到神？

另一次經過哥普特區，見地圖上北面不遠有個修道院，就去看看，沒找到修道院，卻找到基督徒墳墓區。我對墳墓最有興趣了，寫阿拉伯文的基督徒墳墓當然要好好細讀。先是亞美尼亞人的墓地，不過沒開門，再往北是哥普特人，再往北是馬龍派（Maronites）。後者的看守人跟我強調裡面不是只葬一派，是不分派別的。

其中一個墓上寫著：

「讓我自塵世安息，耶穌啊，我死後只為你而活。」

將托付自己給耶穌，應該比修道容易吧。

猶太人區的羅密歐與朱麗葉

二〇一五年齋月的埃及電視劇《猶太人區（Haret el-Yahud）》引起廣泛討論，故事圍繞一九四八年以色列立國後開羅東部舊區裡面的猶太人區的情況。這個地方雖然叫做猶太人區，但不是只有猶太人住，有穆斯林也有基督徒。

男女主角分別是穆斯林和猶太人，開始時兩人的關係沒人反對，到後來政治氣候大變，就不復過去了。

劇尾女主角的哥哥因為被發現是以色列間諜所以匆忙逃走，母親跟隨，父親不喜歡以色列也不願離開埃及所以沒走。但母子走後父女被警察盤問、被鄰居排擠，於是女主角提議去法國。

要出發那一天父親過身了，是傷心過度吧。妻離子散，失國失朋，他的故事比男女主角更令人感慨。

欣賞最後沒有大團圓結局，女主角辦了喪事後仍然去法國。她留下給男主角的信中說：

「在現世我們的宗教不同，但在後世就再沒有分別。」

很喜歡這句話。可是聽說靈魂死後，頑固的仍然頑固，封閉的仍舊封閉，貪婪的仍貪婪，仇恨的仍仇恨。

如果有靈魂，死後不過是脫離軀體，最多是減弱了對物質的執著，又怎會忽然聰明起來。

所以此分別要如何消散？

本來怕問人猶太人區怎麼去會有點奇怪，但問到的人都覺得很合理的樣子，可能播了以此為名的電視劇，常會有人想找回舊址吧。入口就在宮間附近，一進去小巷裡都是珠寶店。也合理，開羅的猶太人不少都在經營珠寶，所以就算以色列建國後猶太教跟伊斯蘭教關係變差，於是他們走了，店鋪也是由同業接手，仍然賣珠寶。

可是建築物都被店面遮蓋了，很難辨認出甚麼頭緒。後來看到埃及歷史研究者Youssof Osama的片段，介紹附近兩間猶太會堂遺址。遺址已經非常殘舊，而仍然可見是猶太會堂的痕跡，就是鑲走大衛之星後留下的印子，實在像偵探故事一樣精采。

這天下課後又去了伊斯蘭區，雖然外國人叫這區做伊斯蘭區，其實是中世紀至奧斯曼帝國時期的建築群，有清真寺有教堂也有猶太會堂。這次來找的是摩西．本．邁蒙（在西方傳統中叫邁蒙尼德Maimonides）猶太會堂。

先順便去舊區邊沿的教堂，也算古舊；到第二間時有個女信徒說有聖像不能拍照，真是無謂地緊張；第三間五點關門，我去到時是五點十五分。

之後很順利地靠衛星定位在曲折的舊街中找到摩西・本・邁蒙猶太會堂，不過當然沒人，要有專門許可才能參觀，這也是早有心理準備的了。

摩西・本・邁蒙，生於安達盧西亞（中世紀摩爾人統治的西班牙），卒於埃及，重要猶太哲學家，活躍於公元十二世紀。

這座猶太會堂的地牢被視為有療癒效力，病人會被送到地牢睡覺，希望夢到摩西・本・邁蒙而痊癒。

旁邊就是清真寺，幾步之遙就匯聚了三教建築，可惜事實上並不是這樣和平共處。

接著一直向侯賽因清真寺的方向走，猶太會堂附近首飾店也特別多。沿路居然給我在開齋前吃到豆蓉丸（在埃及通常叫 ta'amiya，其他地方叫 falafel）三文治，店員又問我能替他們找老婆不。

到侯賽因清真寺還是太早，坐了一會決定不等開齋，聽著清真寺的廣播在日暮中四處逛，又是另一番味道。

一邊讀其文學歷史一邊尋找所提及的地方，真是很有滿足感。

征服羅馬的末世預言

旅館裡有一對長住的波蘭母子，母親以前在波蘭駐埃及大使館工作，兒子在這裡讀完國際學校高中想繼續學阿拉伯文和伊斯蘭教義，於是留下。

今天我跟著她兒子去愛茲哈爾（Al-Azhar）清真寺的教義課。愛茲哈爾清真寺始建自公元九七〇年，在法蒂瑪時期開羅的中心，其宗教學校演變為今日的愛茲哈爾大學。愛茲哈爾系統是伊斯蘭教的重要權威，很多外國學生來這裡讀伊斯蘭教研究或阿拉伯文。幾乎每次跟人說我來開羅學阿拉伯文，他們都會問是不是在愛茲哈爾大學。

我還以為教義課用阿拉伯文上，可以練習一下聆聽，卻原來是用英文。本來課堂的內容應該是介紹和討論教義，例如齋月要做甚麼、有甚麼意義。但教課的講者見到我這個非教徒就不斷傳教。

他講的話充滿謬誤尤其是混合問題，即是內有不恰當預設的問題。例如他喜歡這樣問：「你說結婚保障女性好，還是亂交男女朋友毫不尊重女性好？答我的問題。」這裡不當地假設了只有「結婚保障女性」和「亂交男女朋友毫不尊重女性」兩個可能性。

我說：「我在香港比在這裡受尊重多了！『不結婚就會亂交男女朋友毫不尊重女性』根本是胡說八道。」可惜我完全不會掉進他話裡的陷阱，一邊反駁一邊覺得太侮辱我的智商。他說了那麼多，一點效用都沒有。

他還想用鐘錶論證證明神存在。鐘錶論證是說一個人如果在沙漠中拾到一塊手錶，會認為這是有人設計製造的，而不是自己出現；同樣道理，世界這樣精巧複雜，也是要有造物主才合理。

可是照這個思路，造物主也要有超級造物主去造才成。最終也是無法自圓其說。這個論證在西方哲學早就被駁倒了，伊斯蘭教卻在模仿基督教的傳教手法。真是一千年的傳統——一千年來沒有進步。

更可怕的是，他說到很多西方人改信伊斯蘭教，又說穆斯林曾在梵蒂岡禱告，呼應了《古蘭經》說審判日來臨前羅馬會被征服的經文（穆罕默德時代阿拉伯文的「羅馬」該指東羅馬帝國）。波蘭男孩則插嘴說這表示基督教的寬容，很難想像基督徒可以在麥加禱告。

巧合的是，那天早上剛好有人炸了意大利駐埃及大使館。如果教士還喜歡講這種經文，隨便附會，後果真的不堪設想，不知會有多少信徒去炸跟意大利有關的東西。

老實說，聽完他的話，我開始覺得像二十世紀的土耳其以及穆巴拉克時期的埃及那樣嚴限宗教活動好像是有道理的，世上蠢人何其多，這些教士四處點火頭，你來得及反駁嗎？

好吧，我聽說很多恐怖分子也是因為坐牢而變得極端的。

原本波蘭男孩說上完課後可以叫他們帶我上愛茲哈爾清真寺的屋頂看看，可是以我的表現，他們是不會讓我上去的了。

不過這次也更仔細地看到清真寺的不同區域，原來是有名字的，例如我們上課的地方叫馬格里布（Maghreb），是由於歷史上是北非的學生在用這房間。波蘭男孩又指給我看清真寺裡很多柱子都是來自希臘羅馬時期的建築。

恐怖經書

這天晚上去古里（Al-Ghouri）建築群看耶回合作表演，一段蘇非詩歌，一段基督教音樂，交替演唱。音樂有時是蘇非式，有時是吟唸《古蘭經》甚至有段莫札特的《安魂曲》，很有趣的嘗試。

但好聽歸好聽，認真想想其內容卻挺可怕的，例如《安魂曲》選了憤怒之日，講的是審判日時天地化為灰燼，而《古蘭經》也是充滿了不信者會得到甚麼懲罰的內容。《安魂曲》是拉丁文，《古蘭經》是阿拉伯文，聽不懂就沒事，聽懂了就不舒服，可惜我兩者都懂。

可能人除了需要悲劇還需要恐懼吧，於是沒有宗教信仰的人喜歡看恐怖片，有宗教信仰的人看經書。就是要自己嚇自己才開心，才刺激。

恐怖片和宗教經書將人的恐懼描述出來或許是好事，藉此將內心深處的想法攤在陽光下，心情可以得到抒發。

但只是為了避免恐懼而加入宗教，以符合教義的行為保證天堂的席位，放棄以理性分辨善惡，甚至以上帝之名做出各樣排擠迫害異教徒的事，可算是人類最無謂的活動了。

這樣的宗教不是神聖的，是低下的。

香港最男尊女卑的地方

九龍清真寺

穆斯林同學邀請我參與九龍清真寺的開齋聚會，我們以為只會在大堂自助式吃吃小食，誰知要男女分開，我們要到女性禱告室裡吃。

上次開放日，主要在大堂看說明和在男性主禱殿坐了一會。女性禱告室在門口看看已經不想進去，因為感覺很不通風。那天宣教組長問我對伊斯蘭教最大的疑問是什麼，我說是女性的地位。亞伯拉罕諸教都貶低女性，於性事諸多禁忌拘束，將道德規條連繫於至高無上之主，說得不好聽就是狐假虎威。

從這間清真寺的空間安排就看到男女地位。開齋聚會時，男的就在空調充足的大堂裡坐在椅子上吃，女的就在空調似有若無的女性禱告室裡，坐在地上的塑料布上吃。食物是每人一碗外賣雞粥、幾粒棗、兩個咖喱角、一包果汁先生。清真寺方面事先說明非穆斯林的女性也需穿長袖衣服及長褲／裙，但女性禱告室又熱又臭，感覺像在難民營一樣，去完恨不得立刻狠狠地洗澡。

清真寺能如是激發人的好潔之心，真主的智慧至高無上。

男性主、副禱殿都寬敞舒適，鋪上地氈；女性禱告室就又矮又窄，只有瓷磚地板，只要站在門口已有重重的氣味撲鼻而來。男女分配如此懸殊，我想來想去，只有一個解釋：

偉大的真主特別眷顧女人，讓她們體驗卑微。

灣仔清真寺

在香港大學上阿拉伯文課後，來自埃及的老師帶我們一班同學去參觀灣仔清真寺。教長向我們幾個學生介紹伊斯蘭教時好嚕囌，真是自投羅網，我一聽到人向我佈道便頭痛了。

他不停說，穆斯林才是真正追隨耶穌的人，因為他們匍匐而拜、守齋月、不吃豬肉、留鬍子。

搶到耶穌又怎麼樣？基督徒會改信伊斯蘭教嗎？

好想問他伊斯蘭教憑甚麼肯定穆罕默德是最後一個先知，不過完全可以預計他會怎樣答：「之前的先知的教導已被扭曲了，而穆罕默德所傳的上帝話語的原文完全保留了下來，所以不用再派其他的先知了。」

他的歌喉一般，帶禮拜不好聽。在禮拜堂看到一堆戴頭巾的小女孩，真可愛，雖然叫我戴我會想死。

又曾有伊斯蘭教傳教士來港，同學約我去灣仔清真寺跟他吃飯。他妻子不只戴頭巾，就連臉也遮著，吃飯的時候掀起面紗一角，從下將食物放進嘴裡。

我看著她吃飯就胃口全失。

這真是傳教士的好榜樣，這樣的宗教我下十次地獄也不要信。

蘇非派才是有趣的吧。之前看突尼西亞導演納賽爾．哈米爾（Nacer Khemir）的電影，他在訪談裡說，當代伊斯蘭世界最需要的就是蘇非派的元素：開放、寬容，啟發文學藝術，不以戒律、行為規範為標的。他還說阿拉伯文裡有沙漠的沙，嗯，想到阿拉伯文粗啞的口音時倒可以這樣自我安慰。

當然了，歷史上的蘇非教團也是充滿所有人類組織都有的是非。

求主憐憫

雖然早知道哥普特語（Coptic）即是希臘化的古埃及文，但在香港上環的商業大廈裡的科普特正教彌撒，在一堆古埃及文和阿拉伯文中聽得最清楚的句子，竟然是古希臘文的「Kyrie eleison」（求主憐憫），也算是文化震撼吧。

本來聽到「Kyrie eleison」就想到巴哈的《B小調彌撒》、莫扎特的《安魂曲》之類的西歐古典音樂，但當日耳曼人還是野人的時候，埃及人就已經在說「Kyrie eleison」。

一想到這些歷史源流，就覺得十分錯亂：傳統西方歷史的主線，總是「希臘——羅馬——中世紀——文藝復興——啟蒙——現代」，但整件事根本是畫鬼腳，這一點又連去那一點，那一點又連去另一點，繼承古希臘文化的豈止西歐。又好像一般中國歷史，說得自己彷彿沒向其他文化學習，但陸路海路傳進來的東西多不勝數。

和穆斯林同學一起去參觀，教會裡的嵌木傢俬很古典，衣袍也很傳統，神職人員唸唸有詞來來往往……正覺得一切非常不現世，主教怕我們聽不明白，忽然遞給我們一個有阿英對照禱文的平板電腦，真是入時。

很喜歡他們燒的香，覺得自己跟死後吃香的鬼也差不多。

但信徒領聖體喝酒時用同一隻金屬匙，喝聖水又用同一隻金屬碟，太不衛生了吧，少人已嚇人，多人更不敢想像了。

跟著儀式讀禱文讀聖經也不錯，可以練練阿拉伯文；但中間和過後也有點傳教的意思。教士對穆斯林同學說：「你有讀完《古蘭經》吧？《古蘭經》裡說審判日的時候耶穌會來，審判日時來的不是主是誰呢？」似乎他指的是《古蘭經》第四十三章第六十一節（馬堅譯本）：「他確是復活時的預兆，你切莫懷疑他，你應當順從我，這是正路。」

真讓人不知如何接話，如果喜歡玩的話可以搬「伊斯蘭教不吃豬肉比你們更尊崇耶穌」的說法出來自吹自擂一番？

阿拉伯文彌撒除了我們這些參觀者只有三個女人來，神職人員卻是三個男人。想起不久前去的耶回對話講座，台上也是只有男人，亞伯拉罕宗教真是男權的堡壘。又想起來自沙地阿拉伯的阿拉伯文老師說，歸信伊斯蘭教的以女性為多，因為她們會懼怕神。

越多女人信教就越不會質疑男性的權威，多好。

很想去練阿拉伯文，不過有次儀式後神父叫我談談，我心想：「又傳教了。」他聊著聊著卻忽然手指一伸，按在我長襪膝蓋位置那天鈎到的洞，說：「你這樣要著涼的。」

拜託，跟你很熟嗎？還是在演《鋼琴別戀》（The Piano 一九九三）？他的行為實在太奇怪，故此不敢再去。

西奈山行——摩西取得十誡的地方

玩俄羅斯方塊一樣終於將書都砌進行李箱裡寄存，只帶著少量衣物離開開羅，出發去西奈山。幸好巴士不滿，可以獨霸兩個座位。

巴士早上十一時從市中心開出，向東走，沿路停了一下站，兩小時後經過蘇彝士運河的隧道，進入西奈半島，技術上我回到了亞洲。

沿路很多檢查站，給人查了護照幾次，恐怖襲擊的隱患就在這些細節上表現出來，又如地鐵入口都要檢查隨身物品。

非常喜歡看沿路荒涼的景色，沙漠裡的花草好像總是特別努力地綻放。

進入西奈半島，先沿西岸向南行，沿途海邊渡假區下了不少乘客。之後向東行，在群山環繞中到達聖嘉特蓮，已近晚上七點。下車時跟一個開羅工程師同路去旅舍，他說他常常來，這次自己一個人入山露營十日。聽他形容山中美景，惹人無限嚮往。

雖然是旱地，但山裡比開羅涼快。西奈半島有埃及最高的山，但也只是二千米多一點，所以埃及的交通頗方便，尼羅河谷和三角洲都是平路，車程很快，不會繞來繞去。

西奈山日出

到達旅舍立刻洗澡睡覺，因為半夜就要上山看日出。十點多時旅舍主人來說導遊要二八〇鎊（那時埃及鎊幣值跟港幣差不多），我嚇一跳，同學說她才付了五十鎊。旅舍主人說他約的導遊走另一條路，更特別，一定要這個價錢，然後他說要便宜就自己去修道院，在那裡找導遊上山只要一一〇鎊。

現在又沒有遊客，為甚麼要找另一條路走？於是決定自己去修道院。

半夜一個人在路上走有點怕人，但齋月人們日夜顛倒，看到髮廊裡還有人在剪頭髮，就覺得還好。路上星月閃亮，很美。

跟著導遊還不是一個陌生人？跟靠自己也差不多。去到修道院門口就照規定請導遊帶路上山頂。阿拉伯文叫這個山做摩西山。

旅舍主人說凌晨一點出門，兩點到修道院，三四點上到山就好。於是我十二點四十五分出門，一點半到修道院，結

果也要四點十五分才上到頂，半夜爬山實在有氣沒力。我在四點十五分到頂時地平線已開始光了，大概五點看到日出。老實說不覺得日出怎麼樣，可能香港空氣夠污染，類似的日落看得多了。

相比之下，反而更喜歡上山時山谷中的星空，月光照出人影，很純淨很寧靜。沿路沒有別的遊客，上到山也只有十幾個埃及人。

星空下一路上在沙石中前行，藉著月光看到零星駱駝，加上阿拉伯遊牧民族貝都因人導遊的口音接近阿拉伯半島多於開羅，覺得時空轉移到了阿拉伯古代，極有情調。近山頂時爬大石砌的樓梯，想像古代的閃族人在這樣純粹而艱難的環境中生活敬拜，確實有宗教感，怪不得叫「悔改梯」。

一般認為這裡是《出埃及記》第十九章起所言耶和華向摩西傳十誡之地。導遊說自己是長子要養弟妹，自己又有兩個孩子。但他每日抽一包煙，十鎊（足夠一天的基本伙食），我說：「你這樣開支很大耶。」他說：「這幾年沒遊客，沒工作很悶。」我說那不如聽音樂，免費。

愛爾蘭同學說這裡的日出是難忘經驗，我不懂，或者她是基督徒？還是我不年輕了？嗚嗚。

不過下山時藉著陽光就不只看到駱駝，而是看到很多駱駝糞便了，幸好我的運動鞋已經五癆七傷到打算上飛機前丟掉，踩到就踩到吧，太難避開了，就當是上帝的旨意。

白天又是另一番景色，山石紅紅，令人想起火焰山。

看完日出，不到六點下山，七點到達修道院，在咖啡座略作休息，等修道院九點開門。

聖嘉芙蓮，天主教中譯「加大肋納」，聖公會譯「聖傑靈」，生於公元三世紀，十四歲皈依基督教並令得四周的人都入教，惹起羅馬皇帝不滿。他就想用當時常用的酷刑，將她綁在輪子上然後打死。可是據說她一碰到輪子，輪子就爛了，於是皇帝下令將她斬首。傳說其遺體被天使運到摩西山。到六世紀時，東羅馬皇帝查士丁尼一世下令在山腳下建立修道院。

開門後先去變容教堂，這是唯一開放給一般人參觀的教堂。教堂內的聖壇上有六世紀的拼貼壁畫，描繪耶穌的變容。《馬太福音》第十七章說，耶穌帶著門徒上山，到了山上，他全身發光，並且摩西和以利亞出現跟他對話。

壁畫顏色金光閃閃，不知是保存得好還是大肆修復如新。也是在這裡才知道有這個神蹟。

跟著去看上帝用來跟摩西對話的火荊棘的後代。根據《出埃及記》第三章，耶和華的使者在燒不壞的荊棘中出現，叫摩西帶領以色列人出埃及。

火荊棘因為太多人偷拔，現在用欄柵攔著，參觀者不能接近。不過有學者認為火荊棘是誤譯，只是說西奈山。東正教則認為火荊棘燒而不壞，是瑪利亞處女生子的前導。

《出埃及記》第三章中說摩西到何烈山牧羊，然後見到火荊棘。艮都因人認為摩西山就是何烈山，亦有認為較南的聖嘉特蓮山才是。

最後參觀博物館，館中展出修道院歷代藏品，最精彩的是古代抄本，年代久遠，語言多樣，展覽介詔說這裡的收藏僅次於梵蒂岡。修道院所藏抄本不只有宗教書籍，還有荷馬史詩。

在這裡修道，可以嗎？

由半夜直接看到近中午，再走原路回旅舍，白天走才發現原來在黑暗中上坡了都不知道。

沙漠裡忽然看見兩隻白色蝴蝶翻飛追逐又不見了，是沒有睡覺開始有幻覺了吧？沿路看到草叢，不是想到火荊棘，卻是想到應該是靠駝糞才會有野生草叢。

市門口標記引《古蘭經》第二十章（馬堅譯本）：「除真主外，絕無應受崇拜者，他有許多最美的名號。你已聽到穆薩的故事了嗎？當時，他看見一處火光，就對他的家屬說：『你們稍留一下，我確已看見一處火了，也許我拿一個火把來給你們，或許我在有火的那裏發現嚮導。』他來到那個火的附近，就有聲音喊叫說：『穆薩啊！我確是你的主，你脫掉你的鞋子吧，你確是在聖谷杜瓦中。』」「穆薩」是伊斯蘭教傳統中摩西的中譯。

市內的行人路邊粗種了一叢叢紅花，覺得它們實在不是美給人看。有那麼多地方可以開，卻偏要自顧自在沙漠中狠狠地綻放，就像我有這麼多地方好去，偏要在炎夏中來到埃及受罪，就是沒事找事吧。

順便在「市中心」（即是有十來間店的地方）買了麵包和香蕉，我覺得我這次來埃及最偉大的發明，就是將香蕉放進饢中再用手壓扁，立刻就成了香蕉班戟，香甜易入口，營養又健康，旅途中不用再找和帶麻煩的醬料，就可以吃最易買到的饢。如果紛爭追究到底都是資源問題，這應該可以為中東帶來和平，我甚麼時候拿諾貝爾和平獎呢。

好累人的半夜半天，好在這幾天行程非常鬆散，昨天一天用來坐巴士，明天也是，唯一一班回開羅的巴士早上六點開，可以直接睡到明天了。這次不坐過夜車，太累了。行程中最複雜的西奈朝聖任務完成。

教訓一：應該早些上山看星，不過我那樣也剛剛好，一上山就可以欣賞天空變色了，山頂挺冷的。

教訓二：在埃及有幾個人跟我說西奈山的日出很美，結果覺得只是一般，還是不要聽人說就抱太大期望。

教訓三：大家都說危險的地方最好玩了，沒有遊客，下次去阿富汗還是伊拉克好呢？說笑的，暫時是。

認真想說的是，雖說西奈半島有恐怖分子，但波及平民的襲擊不算密集，死於恐怖襲擊的人數放在死於交通意外的人數中可能零頭都不是，大家都覺得我瘋，其實我是理性啊。

拿戈瑪第——靈知派中心

在上埃及（埃及南部）遊玩，這天一到開門時間，就進去阿拜多斯（Abydos）的塞提一世（Seti I）神廟，因為早上沒那麼熱。神廟前庭由拉姆西斯二世（Ramses II）所建，主體則建自其父塞提一世。神廟修復後十分完整，很有氣氛，僅次於樂蜀（Luxor），可惜守衛們頗吵，大概是為了防止我被帶回古埃及吧。

喜歡古埃及多於古希臘神話，古希臘神話就像八卦雜誌，沒有神秘感，除了西西弗斯和伊卡洛斯。或許不引起崇敬感的希臘羅馬神話反而對民主科學有助吧。古埃及神話雖然像冥王（Osiris）被大卸八塊有點荒誕，但宗教感強些。再如阿肯那頓一神崇拜的嘗試，有學者甚至懷疑他就是摩西。

神廟不在一般旅行團行程之中大概是因為不方便尼羅河遊船，其實保存得很好。旁邊不遠處有另一座由拉姆西斯二世所建的神廟，抄近路來到，雙腳幾乎陷在沙中。可是這比由正門去有趣，一座建築在沙漠中突然出現，宛如魔法。這間神廟就保存得沒那麼好，只剩下半。

看到古埃及文教科書上的地名化為實物很感動。

看完後坐車回拜勒耶立（El Balyana），原來沒有小巴直接到基那（Qena），但有火車，那就坐火車吧，誰知下載的火車時間表完全不對。原來因為火車站一邊路軌在修葺，所以全部班次都延遲，早知坐小巴算了。但小巴站跟火車站有一段距離，在火車站等時就不想再動。等得又熱又餓，幸好當地人看我面色不好，讓我進休息室裡坐。

有想過到拿戈瑪第（Nag Hammadi），但實在沒東西看，沒想到坐火車會路過這個大量諾斯底主義（Gnosticism，或稱靈知派）文獻的發現地。

諾斯底主義認為每個人都能靠認識自己了解上帝，不贊成由教會或教士壟斷正統教義，義理比今日常見的基督教思想高超。可惜早期基督教的各派文獻都在教義演變過程中被銷毀或失傳——直到一九四五年，兩兄弟在拿戈瑪第附近掘肥料時發現一個大陶罐，裡面有一堆莎草紙書冊，使它們重現於世。

由於喜歡看諾斯底主義的文獻，所以我對拿戈瑪第這個地名有莫名的親切感，雖然真實所見就是只一個簡陋普通的小鎮，沒有想像中的聖地氣息。

去拿戈瑪第這種小地方的火車，自然是老舊慢車，車上都是鄉下人。我一上車，全車的人都看著我。

他們問我是不是穆斯林，我說不是，他們問我甚麼宗教，我說沒有，他們就完全不能理解。我不是沒有信仰，但照他們聽話然後得救的觀念，只能算沒有宗教。有一個老伯又問我守不守齋月，我說不守，他又難以置信。他旁邊的年輕人也覺得他很怪，明明說了不是穆斯林還守甚麼齋月。

義理高超的諾斯底主義的中心，今天就只剩如此簡單粗暴的宗教概念，歷史的發展真是諷刺。

鹼谷修院——到沙漠隱修

這天去了開羅西北面一百公里的鹼谷（Wadi Natrun）的修道院，本來想去近紅海的聖安東尼修道院，不過那麼遠臨時太難找車。相反鹼谷在去亞歷山大港的路上，坐小巴還算方便。

小巴上的人問我去哪裡，我說去修道院，於是下車時同車的人叫我一起坐三輪車去羅馬修道院。他居然跟三輪車司機說我不懂阿拉伯文，明明我之前一直都在跟他講阿拉伯文，氣死我了。

羅馬修道院應該是這裡最老的修道院，建自公元四世紀。

喜歡這種土色的建築，感覺非常簡單融和。問修士其中一座教堂能不能進，他一開口就發現居然是美國人，或許先進國家的人更需要尋求救贖吧。

修道院還有免費食堂供應煮蠶豆和麵包，在那裡遇到一個很友善的婆婆，感覺很樸素很單純，她的生活大概跟修道院建立的時代沒有分別。

同車的人說他的車在這裡，他會去其他的修道院後回開羅，問我要不要跟，我就跟了。不要問我為甚麼這麼大膽，就是直覺覺得沒有問題，最後也有付錢，就跟請司機一樣吧。

接著去聖比帥（Saint Bishoy）修道院和敘利亞修道院，不過沒去聖馬嘉爾（Saint Macarius）修道院。聖比帥修道院建自四世紀，聖比帥是哥普特基督教的重要人物，據說他見過耶穌，並且死後屍身不腐，保留在此處。敘利亞修道院因修士以敘利亞人為主而得名，大約建自六世紀。

雖說這些修道院最早可以追溯到公元四世紀，不過歷經貝都因人洗劫破壞，裝潢甚麼的應該最多只有幾百年吧，但也頗有味道。

沙漠修士，很浪漫的概念，不過一直想起意大利文藝復興時期的故事集《十日談（Decameron）》第三日第十個故事。

故事大意是：有個女孩很想靜修，於是到荒野找修士學習。修士難得見到異性，實在忍耐不住，就騙她說陽具是魔鬼，陰道是地獄，性行為是將魔鬼放回地獄，是為上帝作工。結果她的宗教熱誠太熾熱，修士招架不住，叫她找別人。

上帝請原諒我。

墳墓之城——生死同住

墳墓之城，在開羅舊區以東，是伊斯蘭時期的墳墓區。雖說是墳墓區，但不是死城，墳墓是有人住的。既有人看墓，窮人又有地方住，一舉兩得。

問語言學校的同學，他們都說不要一個人去，貧民窟不安全，路也不好認。於是我打算搭計程車去看看，感覺不對就走吧。

去到倒是沒甚麼，房子是磚砌的，跟其他地方差不多，也不覺得特別窮，居民還有車。有小孩討錢，不過不比別的地方多。方向也不難認，房子矮，在哪裡都看得到叫拜塔。

我想東亞面孔也比白人有好處吧，在這裡中國人還不是出名錢多人傻，而是來賣東西。計程車司機常問我賣不賣中國製電話、如何運中國貨來賣。

這裡有好些馬木陸克時期的建築，五六百年了，大致是原來的樣子，圓頂內外都有特別花紋。

一下計程車繼續往東到主街，就見到巴士比（Barsbay）建築群（統治年期一四二二－三八）。當時正值禮拜時間，起初他們叫我等一下再來，於是我在外面拍照。然後又有人問我要不要禮拜，於是我就進去了。

裡面全都是男人，沒有分開女人區。我正不知所措，叫我入去的人就從牆邊把簾拉出來，圍了一個角落。於是我就在裡面跟著禮拜，他們結束後我就參觀拍照。

他們這麼殷勤當然是為了小費。

之後往北，是更早的巴拉曲（Barquq）墓（統治年期一三八二－九九）。墓建得精緻而有規模，「開國」君主就是不一樣。

順便逛旁邊的一九六七戰爭墳墓，此次戰爭中，埃及大敗於以色列。我一拍照，又有人走出來阻止。

在墳墓群裡，中午清清靜靜的感覺不錯。但這裡可怕的不是鬼，也不是人，而是狗。

忽然在街邊被一群狗圍著狂吠，又不知往哪個方向它們才高興，嚇死我了，狗也懂種族歧視吧。平日我不怕狗，可是在這個地方若被狗咬了，不知道甚麼下場？

最後去南端的蓋特比（Qaytbey）清真寺（統治年期一四六八－一四九六），沒開。旁邊的新建築非常混亂。宣傳橫額說之前有工藝節，有展覽、工作坊等，可惜不知道。

更可惜的是幾百年的古蹟，這裡沒有資源好好保護。

洞穴教堂——從垃圾中升騰

課後在語言學校待久一點等過了塞車時段，三點半出發去了東面「垃圾人」（Zabbaleen）聚居地中的山洞教堂。

開羅的垃圾由郊區移民來的基督徒處理，他們收取小費去收垃圾，人手分揀，將可賣的東西賣錢，廚餘則給豬吃，據說回收率高達八成。表面上是貧窮的社區，但經營得好的家庭經濟環境在埃及算不錯。

山邊有四座教堂，都是建在山洞內，最大的一間——聖西蒙（Saint Samaan）教堂——可容納二萬人，非常壯觀。

埃及基督教傳統中，認為這個山原在市中心，移了過來是神蹟。故事是這樣的：一話說在公元十世紀統治埃及的哈里發莫思（El Moez）喜歡邀請神職人員來辯論，一個猶太教徒對教宗亞伯拉罕說：

「《馬太福音》說：『你們若有信心，像一粒芥菜種，就是對這座山說：「你從這邊挪到那邊。」他也必挪去；並且你們沒有一件不能做的事了。』你憑信心移個山來看

聖西蒙教堂

看呀。」

教宗亞伯拉罕請哈里發給三天時限，聚集一眾教士祈禱。第三天時見到聖母瑪利亞，她說：「你去市場找一個獨眼拿著水瓶的人。」

他在市場找到一個這樣的人，他是皮匠西蒙。他獨眼是因為他照《馬太福音》「倘若你一隻眼叫你跌倒，就把他剜出來丟掉。你只有一隻眼進入永生，強如有兩隻眼被丟在地獄的火裡」所說，剜了自己的眼出來。

西蒙教亞伯拉罕叫「求主憐憫」三次，每次對著山劃十字。亞伯拉罕照做，然後山就移走了。

移山填海也可以這樣就好了。

聖西蒙教堂刻著耶穌升天復活的

的浮雕和經文，從垃圾山貧民窟升騰的意象，比起富麗堂皇的教堂，似乎跟基督教義更相襯。教堂區位高而開闊，比居住區舒服，但仍有淡淡臭味和一些蒼蠅。

這裡自然不守齋月，可惜風景不錯的小餐廳只有肉丸三文治，只好喝罐汽水算了。靠衛星定位在垃圾車包圍中極速下了山，坐了兩程小巴回到侯賽因清真寺。不坐計程車部分是可以省錢，但主要是每次都有些新發現，很有趣。這裡的小巴跟香港的紅色小巴一樣極快，路線十分神秘，可以看到社區網絡的形態。

在哈里里商隊市場和莫思街略逛，齋月晚上這裡一片假日氣氛，十分熱鬧。隨便找沒找到去年的首飾店，不肯定逛到的書店是否同學提起那間，一直只是興之所至信步閒逛。

最後總共喝了三杯果汁，再用衛星定位探索了新的路線坐地鐵回旅舍。

浸信會堂──埃及福音音樂

埃及話老師告訴我她的教會有人來彈烏德琴唱聖詩，在埃及只看過科普特正教的禮拜，就想去聽。上樂理課後問同學們有沒有人想一起去，大家都沒有興趣，其中一個同學說她家就在附近，堅持要送我去。

路上她說：「你不是基督徒，能進嗎？」

我說：「阿拉伯文老師告訴我有表演，應該可以才會跟我說吧？」

她又說：「是不是聯絡一下她比較穩妥？」

我尷尬地笑：「我沒她的電話。」

「嗯，你知道我們宗教上還是有些敏感，如果我要進去是未必能進的（她是穆斯林），你是外國人應該沒問題？」

「去到門口就知道了。」在埃及吃閉門羹是常事，博物館不到門口都不肯定開不開，已經習慣。

到達後卻很順利地進去了。感覺很多時候埃及朋友都過分擔憂。

在埃及，穆斯林不能叛教，埃及浸信會的教徒，除了外國人，都是科普特正教（Coptic Orthodox）徒改宗的。

彈烏德琴的歌手也曾在烏德琴之家學琴，算是同門。他的音樂跟正教比又是另一種風格，是阿拉伯／埃及流行音樂但唱耶穌愛你之類的內容。

他一邊彈電子烏德琴一邊唱，教會的人就一邊在螢幕上播放歌詞。大家一起唱得很投入，有點像卡拉OK的氣氛。

有個人唱得超大聲又不好聽，又正正站在我背後，真是折磨。

唱詩後講道，原來這個大聲公就是牧師。

這天的題目是神蹟，例子是五餅二魚。他就分析神蹟的條件和過程是甚麼。我想不明白這樣分析有甚麼意義，好像除了讓內容顯得專業一點外毫無用處。還不如用抑揚頓挫的聲線直接講一次故事。可能講得太多了吧，只能找些新的方式講，就是我所見的內容。

講道後他們集體為一個被賊人打傷後第一次回來的教友祈禱，讓我感受到一種精神力量。

其實在教堂和清真寺都常覺得感動，但裡面的人一說話，就讓我覺得比地獄還難熬。

活動前後他們一直問我香港有沒有基督教，問我了不了解基督教的內容，我就說香港因為曾受英國統治，所以有很多基督教學校和基督徒，有足夠了解了。然後他們就很熱情地邀請我多來聽道。

敬謝不敏。

穆斯林兄弟會的叛徒

埃及朋友傳來他寫自己在穆斯林兄弟會多年經歷的文章，非常有趣，一邊看一邊想起團契和共產黨。

他高中時因為對宗教有興趣，被招攬入穆斯林兄弟會。穆斯林兄弟會對不同年齡的會員有不同的培訓內容，非常有組織。每五至八個人為一個「家庭」，每星期聚會，以圖建立極為密切的關係。聚會中，頭目會講早期穆斯林受苦受難的事跡，以期他們面對刑訊時，會像故事中的早期穆斯林那樣堅貞。除了每星期的聚會，還有密集訓練營，二十多人一起生活在七百尺以內的單位裡，三天中同吃同住，一起上課、祈禱、討論。每星期的聚會保持凝聚力，密集訓練營則能提升歸屬感，組織亦會乘機考察誰有潛質擔任更重要的工作。

他待在穆斯林兄弟會十多年，最後是讀碩士時結識了穆斯林兄弟會創辦人哈桑・班納（Hasan Al-Banna）的弟弟賈邁納・班納（Gamal Al-Banna），受後者啟發，而放棄伊斯蘭主義（Islamism，支持政教合一）。哥哥哈桑是伊斯蘭主義重要人物，弟弟賈邁納卻是世俗主義知識分子，反差實在太大。而我朋友因為看了創辦人弟弟的書而脫離穆斯林兄弟會，也很有點一物治一物，斷腸草生在情花之下的味道。

七十年代起，埃及政府逐漸減少福利，以及推行私有化。為免民眾反政府，統治者開始用伊斯蘭組織籠絡群眾和打擊知識分子，加上埃及人紛紛往富有但保守的阿拉伯半島打工，帶回該地的做法，視之為伊斯蘭正宗，令埃及的學界及中產的氣氛也變得保守。朋友就是在這樣的大局下長大。

突然明白香港政界為甚麼這麼喜歡打「基督徒」牌，因為號稱再世俗的基督教其實也是一個有政治功能的組織，尤其那些整個人際關係網、工餘時間都用在教會的人，他就是教會的人。如果有人支持某候選人，再在教會中推廣開去，力量非常大。教會堂口根本就是地區組織，非常方便區選工作。

政治仍是跟上帝脫不了關係。

魔鬼之左手

在享譽開羅七十年的托力爸爸（Abu Tareq）吃茄豆飯。

鄰桌男人忽然對我說：「用右手吃。」

我說：「沒辦法，我用左手的。」

他說：「多用就習慣了。」

我不理他。

他又說：「你試試就會習慣了。」

我不耐煩：「這有甚麼重要的？」

他說：「如果是穆斯林就重要。」

我說：「我不是穆斯林，行了吧！」

他還想說。

我忍不住：「這不關你們的事！我下地獄也不關你們的事！」

煩死了，為甚麼穆罕默德不說煩膠（又蠢又煩者）要下地獄。

《聖訓》（先知穆罕默德的言行紀錄）說穆罕默德吃飯等事情用右手，如廁後清潔時則用左手，所以穆斯林要用右手吃飯。

更嚴重的是，有《聖訓》說魔鬼是用左手吃喝的。這樣說我正是食菜事魔*，哈哈。教育程度較好並且不是原教旨主義者的人，通常相信用左右手跟腦部發展有關，不會干預。但一般民眾就喜歡糾正別人。

不知道他們的女朋友是左手還是右手？

*宋代民間宗教摩尼教，來自波斯，行事神秘，外人稱之為「食菜事魔」。

人奶聯誼令

人是哺乳類動物，哺乳是很重要的。

在伊斯蘭律法裡也是。

兩個沒血緣關係的異性要單獨在一起而沒有嫌疑，符合伊斯蘭教法的可能性只有一種：女的是男的奶媽，或兩人的乳母為同一人。這兩種情況稱為具有乳親關係（rada），有此關係者被視為如同親人，不能結婚。此外，在有乳親關係的男性面前，女性不用戴頭巾。

於是愛茲哈爾（Al-Azhar）大學聖訓系主任伊薩・亞提亞（Izzat Atiyya）作出教令（fatwa，沒有約束力），建議男女同事建立乳親關係，這樣便可以合法單獨相處，方便工作。他又說，不一定要女同事給男同事哺乳，可以是其中一人喝另一人母親的奶，這樣他們便可以單獨在一起而不犯教法。

這個提議引起軒然大波，他最後收回該教令。但我挺欣賞其法治精神及黑色幽默。這提議合邏輯得很：男女授受不親，不宜獨處一室，但奶媽和乾兒子就不要緊了！是嚴格依從聖訓得出的結論。

阿拉伯文中，法學fiqh的字根是「明白、了解」，可惜發展至今是不明不白，封閉落後。問題不在該學者，而在於伊斯蘭教法實在不能應用於現代社會。可是信徒都避重就輕，覺得是學者的個別問題。

這是無意中應用了歸謬法：依據伊斯蘭律法作對確推論，推理正確，卻得出荒謬的結論，那就表示前提本身，即伊斯蘭律法有問題。

可惜提出結論的人被批評，有問題的伊斯蘭律法本身卻沒有被批評。

香港曾經有人偷同事的人奶喝，被判社會服務令。其實大家錯怪他了，他是為了遵從真主的命令，還懂得埃及宗教學者的教令，真是很有國際視野、多元文化知識。

乳親關係還引起另一個問題，就是丈夫若喝了妻子的奶，兩人豈不是具有乳親關係，成為乳母乳子，於是婚約自動作廢？這裡牽涉到大人喝奶是否構成乳親關係的問題，而有《聖訓》顯示是會的，雖然很多教士認為不會。

於是兩人歡好的時候，一不小心就會離了婚。

伊斯蘭律法真是很好玩，不是受其統治的話。

欲望齋月

「再聽我說。辣瑪貞月份，
一日接近黃昏，
月亮尚未升起……」——玻默《魯拜集》（孟祥森譯）

「辣瑪貞／拉瑪丹」，伊斯蘭曆法的第九個月，中文又叫齋戒月或齋月。齋月的齋不是指吃素，而是在日出至日落之間禁食禁色。齋戒是是伊斯蘭教的五功（五個重要要求）之一。

為甚麼有這個規定呢？話說穆罕默德每年都會到山洞靜修，然後在齋月時第一次接到天使加百列的降示，於是伊斯蘭教徒也跟著在齋月封齋靜修。

照原意，這個月之中穆斯林應該特別虔誠。封齋是控制食慾，封齋的時段中亦不能有性行為，總之就要潔淨心靈、減少欲望、重視精神層面、悔過等等。可惜很多穆斯林卻不是如此：他們封齋的情況是，日出至日落不吃東西，但日落至日出就不斷吃東西。他們會取巧地將生活日夜顛倒，那日間當然能守齋，因為在睡覺。常見的情況是，經過齋月，大家是胖了，不是瘦了。齋戒還胖了，真是神蹟，真主偉大。

然後他們會鄙視任何日間吃喝的人，有些伊斯蘭國家甚至會懲罰在公眾地方吃喝者，很多地方的食肆日間都不准或不敢營業。但其實照規定，遊子、老病、行經中的女子等等都可以不封齋，但在現在的保守氣氛中，大家都要裝著在封齋，就算不用封齋的人被人看見吃喝，有些穆斯林亦會擺出一副你褻瀆了齋月（中封齋了神聖得很的我）的神態。

齋月現時的情形，例示了伊斯蘭教徒普遍對教義的無知、無知帶來的唯我獨尊、對教義理解的表面化單一化極端化，以及阿拉伯文化中的多管閒事。

因為封齋的狀態下工作比較辛苦，齋月時很多伊斯蘭國家都是假日或半假日的狀態，市面上日間非常冷清，到晚上大家開齋後就會上街玩，很有節日氣氛，很熱鬧。另外電視台也非常重視這個檔期，會推出一大堆專門排在齋月播的電視劇，大製作都放在這個時候播出。

還有，封齋時人們脾氣頗差，駕駛人士更甚。在黃昏時坐車真的要很勇敢，因為趕回家開齋的人開車不是一般的快。我常跟朋友說，從埃及的交通可見大家都很有信仰，因為亂來毫不怕死。死在齋月應該會上天堂吧？

到齋月完的時候，就是開齋節，辛苦靜修了一個月，自然要大肆慶祝一番。不過我在埃及時就不敢出門了，因為這種熱鬧的大節日曾多次發生集體性侵案。禁慾之後要補償，我理解的。

說了這麼多負面的東西，不是要抹黑伊斯蘭教，是希望分清是非，而不是平面地「包容不同文化」，也希望教徒們找回齋月的意義。

祝大家齋月吉慶！

第四部

討論

社會型態

埃及對我來說是一個非常啟發思考的社會型態。

我本身是讀哲學的，哲學這個學科傾向思考比較有普遍性、比較抽象的問題，例如倫理學討論如何判斷一個行為是否道德、政治哲學討論怎樣的政治制度才是理想的。但實際運作上，當你找到了一個理想的政治制度或社會型態，那要如何去達成？那就是哲學不討論的問題。社會學和政治學有一些討論，但也是描述不同地方的現象為主，少去討論如何建立一個社會型態。

二〇〇一年發生九一一事件以來，國際時事常會出現多元文化、文明衝突（Clash of Civilizations）等話題，我學阿拉伯文與到中東學習的過程中，常常都在思考：

怎樣的社會型態是可行／穩定的？

怎樣的是不可行／不穩定的？

為甚麼會出現這樣的社會型態？

一個社會型態的發展受甚麼因素影響？

如何改變一個社會的型態？

這些問題是「醜陋」的、混亂的、令人沮喪的，因為公平理想的社會型態，不一定能出現，就算出現了也不一定能長期維持。

我的觀察是：說起這些議題時，人們的態度比較兩極化，常常是：要不就非常排拒任何批評文化習俗的言論，覺得是種族歧視，要不就直接認同種族主義，指稱某些人屬低等民族。

我認為種族差異也是可以研究的。當然，因為歷史上種族屠殺之類的事情非常可怕，而且研究也會牽涉很多倫理問題，例如結果被用來發展優生學之類，應當非常慎重。但一觸碰到這個議題，很多人就直接說是種族歧視不准討論了。難道如果我說「白人容易有皮膚癌」，就歧視了白人嗎？那不會，因為白人是既得利益者，可以笑可以批評，但換成其他人種就很敏感了。這就不是冷靜理性看事實的討論。

不過我的重點不在種族，這點就放下不談。

我的重點在文化習俗、社會型態等問題。這個跟種族歧視更是扯不上關係了，因為比如說我批評也門很多童婚，女孩只有十歲就被家長安排跟人結婚，那我就歧視也門人了嗎？不是的，我只是批評這個做法，也門人不做的話我就不會再批評他們了。如果美國南部有這個做法的話我也是同樣批評的，這跟種族沒有關係，我在不同種族之間是一視同仁、用同一個標準的。

這樣沒理由是種族歧視，對不對？

女權問題

但如果我說伊斯蘭國家女權較差，很多人就覺得不舒服了，覺得範圍太大，是不是歧視伊斯蘭教徒？加上一些教士出來說伊斯蘭教最重視女權了，規條的出發點是保護女性的，大家更覺得不應該說甚麼了。

但伊斯蘭教改進女權是公元七世紀立教的時候，教義的規定比原來社會上的做法好，例如當時的女人幾乎沒有財產繼承權，但伊斯蘭教規定兒子有一份，女兒有半份，已經有所改善。但這是一千多年前的事了，現在伊斯蘭教並不改進女權，而是比其他地方落後。

《古蘭經》裡寫著女兒所得是兒子的半份（四：十一），當日的初衷是保證女親屬有繼承權，但到了今日，教徒會覺得這是神聖不可侵犯的規條，不能改為各得一份。這是宗教經典諷刺的生命歷程。

女權問題是伊斯蘭教跟現代價值觀最為衝突的部分，例如一個女人的婚姻，在沙地阿拉伯，要經男性監護人批准；甚至連出國，一個女人無論幾歲，也要男性監護人同意。這些安排可說是阿拉伯部落文化，但亦與伊斯蘭教有關。

曾經在關於伊斯蘭藝術的學術會議中聽到討論女性唸贊的問題，原來保守派認為女性的聲音是羞體（本義指身體需要遮蓋的部位），不能讓家庭外的男性聽到，否則會誘惑他們，所以女性用聲音去詠贊安拉是不妥的。

聽到這種論調真是想死的心都有了，這種男人可以長大了嗎？如果這麼怕誘惑，將自己關在家裡不要外出好了，為甚麼要關起女人？自己沒有自制能力，卻將別人稱為「羞」，真是有創意。

這樣的文化不能怪人看不起，低就是低，不說只是鄉愿，聽不得人說只是自卑，不願改只是無恥。

當然女權問題也不是伊斯蘭教獨有，今日香港的基督教會也有；但程度沒有那麼嚴重。

女權問題，歸根究底，關鍵是對自由主義的接受與否。

現代社會的重要思想、民主的基石是自由主義，而自由主義以對個體自由的尊重作為最基本原則。伊斯蘭教則不認同，穆斯林社群重視對教義、對男性親族的服從。這在歷史上可能利於群體生存，但在現代則妨礙人追尋快樂，亦對改善教育水平、發展經濟、社會進步沒有好處。

這種極端的父權社會，其實對兩性也有壓抑與禍害。男女之間不能輕鬆平等地相處，經濟能力懸殊，夫妻就會傾向互相算計利用。

有些人可能說：「現在是後現代社會，不要再爭取現代社會提倡的個體自由了，這是西方帝國主義的藉口，不是每個社群都想要自由的。」

是的，很多社群裡都沒有個體自由，但西歐以前也沒有，正正是在社會改變、人們爭取後出現的。憑甚麼認為沙地阿拉伯的女性不想要自由呢？出來爭取駕駛權和反對監護人制度的沙地人，是叛徒嗎？他們應該順從而不應改變他們的文化和制度嗎？

城市化和女性受教育、有工作，這些因素能夠改善女性的經濟條件，讓她們能夠獨立生活，為自己作決定；但人的觀念雖然會隨著經濟條件改變，原本的思想體系也有影響。

我們可以看到在伊斯蘭教盛行的地區，由於伊斯蘭教的神聖地位和宗教經典的詳細規定，使得男女平等的阻力，比其他地方更大。相比之下，基督教地區雖然有原教旨主義基督運動，但並沒有能力奪取一個國家的政權，將女人趕回家裡順服她的丈夫（參考〈提摩太前書〉二：十一－十四）。

推演到整個現代化的進程，也是如此：在男女平等以外，其他方面例如宗教自由，在伊斯蘭國家的推進，也是比其他地方困難。在現代化進程中，只要有其他的助力，就會出現反撲。在很多伊斯蘭社群，都會看見這個現象，似乎比其他地區嚴重。

故此，追到最後，教義的討論也是非常重要；因為在相似的條件下，其他地方卻沒有伊斯蘭社群的問題，可見伊斯蘭教在思想上觀念上阻礙了伊斯蘭社群的進步。

伊斯蘭教亟需要一個宗教改革，否則就會很可能一直在西化——伊斯蘭化的怪圈裡迴旋。

如果其他地方的人避而不談，覺得干涉了這些群體的自由，其實諷刺地正是讓這些群體干涉個體的自由、壓迫該群體中的女性。

我對伊斯蘭世界的批評，不是看不起他們，是基於事實，出於真誠，是愛之深責之切。如果我們不討論、不批評，亦不推廣人權、自由、男女平等，純講多元包容、政治正確，甚至認為習俗沒有對錯，抱持道德相對主義（moral relativism，認為道德只是約定俗成沒有客觀標準），就會容許童婚、割陰、石刑等劣習。

結果不是和平共融，而是反彈為極右種族主義，因為如果大家任由一個群體將女人看得低人一等、思想保守落後，最終大家只會差異太大，思想上出現不可調和的衝突，無法共處。那就會合理化極右民族主義，因為大家的價值觀判若雲泥。

此所以自由主義者應該積極地用盡所有正途推廣自由主義，而不是漠不關心，或認為「不是人人都應該接受自由主義」、「不接受自由主義是別人的自由」、「不應該去改變別人」。

事實是，如果很多人不接受自由主義，你也很可能會失去自由，因為自由主義政府會由於沒有足夠的支持、欠缺認受性，或者因為資源不足，而沒有辦法在所有社群中執法。更嚴重的情況就是有如中世紀歐洲的政教合一、宗教審判。

如果伊斯蘭教不作一個宗教改革，則其過時的教義會製造過時的思考模式及社會觀念，進而對現代社會產生威脅。因為在實行自由主義的社會中，各種思想都可以爭取其支持者，但伊斯蘭教基於其組織力，可以爭取到比一般組織更多的支持者。他們得到比其合理性和合時性所應得的更多的追隨者，就有足夠人數去改變社區、改變管治模式，例如進行大量的性騷擾，影響女性的衣著和行動自由，例如爭取立法懲罰不「尊重」伊斯蘭教的人，或直接運用武力攻擊批評者，影響言論自由，於是就會對自由社會產生威脅。

教門光譜

信仰伊斯蘭教當然不一定支持暴力，其實即使極端派也不一定支持暴力，因為極端的意思通常是非常死板地跟從傳統／經典：一個虔誠的信徒應該一言一行都要照《古蘭經》和穆罕默德的榜樣，所以嚴格來說水龍頭也不能用（自來水剛開始出現時，確實有爭論用水龍頭來作祈禱前的小淨是否合律法要求），現代武器也不能用。

那又怎能在身上裝穆罕默德死後很久才發明的炸彈，進行自殺式襲擊？

所以教義上保守跟暴力行為是兩回事。

當然一致性強的保守派很少見，常會一邊用手提電話（接受現代科技，用穆罕默德時代沒有的東西）一邊娶四個妻子（維持宗教經典中的制度）。

通常說起伊斯蘭教，就會想起暴力、恐怖襲擊，其實巴勒斯坦的自殺式襲擊跟政治的關係大於宗教，因為猶太人在原屬巴勒斯坦人居住的地區「復國」，曾對巴勒斯坦人作種族清洗，兩族群之間有種族衝突，而巴勒斯坦軍事力量不及，所以常用自殺式襲擊。這個不應歸因於宗教，因為動機不是由於宗教，雖然「殉道者上天堂」的希望會讓人比較願意放棄生命。

有些人覺得不應該將穆斯林和暴力連繫起來，但確實有很多穆斯林參與「聖戰」，不能說殺人的就不是穆斯林，正如不能說性侵別人的神父牧師不是基督徒。這是取巧，對討論問題毫無幫助。一個人的宗教歸屬應以他的自身認同為準，某人做了壞事就說他不是「真正的」某教徒無甚意義。照這種用法，真正的基督徒大概只有基督本人，真正的穆斯林大概只有穆罕默德。

其實除了基地組織、伊斯蘭國這些血腥的新聞常客，還有很多利用宗教力量的團體，例如穆斯林兄弟會，不一定有很多暴力行為，但組織化地宣揚保守思想，每個人都只是教條地遵從過時而偏頗的教義解讀，對宗教以外的東西如科學研究、文學藝術持負面態度，對社會的禍害是長期而深遠的。不能說伊斯蘭教完全沒有問題，事實是太多人成了天堂地獄的奴隸。

大家今日所見的深色不透明頭巾，以前在伊斯蘭世界並非那麼普遍；各地都有各種不同花色的絲巾、紗巾，也有各種露出頸項、露出部分頭髮的披法。

阿拉伯半島由於石油富起來，七十年代起很多穆斯林去那裡工作，學了他們的部落傳統，使伊斯蘭世界走回保守路線，才使一根頭髮也不露出來的包頭方式變成主流。

伊斯蘭極端主義也被視為跟沙地阿拉伯的崛起有關，他們認為伊斯蘭極端主義興起，是因為沙地阿拉伯四處出資宣揚政教合一、遵從古訓的瓦哈比主義（Wahhabism），伊斯蘭極端化是由於大量供應；另一派論者認為，主因是經濟分配不均，青年失業嚴重，無法向上爬，於是從極端思想尋找改變的機會和人生意義，伊斯蘭極端化是由於有此需求。有趣的是，有些人認為伊斯蘭極端主義跟上世紀納粹主義和共產主義興起的情況相近，今日中東是在重蹈二十世紀德俄中的覆轍，跟沙地阿拉伯資金關係不大。聖戰士也跟其他右派運動一樣更多工程學生，而不是伊斯蘭教研究的學生。（可參考Diego Gambetta 的《Engineers of Jihad: The Curious Connection between Violent

Extremism and Education》。）

我覺得就像佛家說「因緣和合」，是兩相配合吧，這些青年本來自視為穆斯林，然後有人不斷宣揚說伊斯蘭是這樣這樣的，他們覺得人生失意社會不公，努力工作也沒用，或根本沒有工作，於是就相信是因為自己不夠虔誠所以人生失意（當然更重要的是因為其他人不夠虔誠所以社會不公所以我人生失意）。如果是接觸到另一些思想或許會做別的事情，例如共產革命，但剛好容易接觸到伊斯蘭極端主義，於是就去做聖戰炮灰了。

我對伊斯蘭教的批評並不意味著我認為應該消滅伊斯蘭教。我的看法是，伊斯蘭國家改善經濟的同時，應在社會上努力宣揚自由主義的原則，為自由派提供資源，並且加強對宗教組織的監管，有技巧地防止保守派當宗教領袖，努力改變信仰的風氣，使之變得個人化世俗化。當然了，這些國家多數都不是民主政府，政府未必有動機支持自由主義，那就唯有靠公民社會了。

反過來說，鴕鳥政策、避而不談、不批評伊斯蘭教的問題，最終會引起右派反噬。因為大家的生活方式太大衝突，不同族群之間水火不容，最終也是對和平共存毫無幫助。

常見vs.所有

我在香港大學修讀阿拉伯文時的埃及人老師喜歡說：「中國人沒有眼睛」、「中國人發不到r音」，這些話實在令人反感。但如果他說：「中國人的眼睛比較小」、「中文沒有r音，以中文為母語的人很難發好這個音」，那樣是絕對沒有問題的。

如果是這樣的話，那麼前一類說法，問題主要是出在表達方式，因為他的意思總不會真的是中國人沒有長眼睛這種東西吧？但無論是講的人還是聽的人，都對民族比較敏感，講的人想表達一種鄙夷的心理，聽的人則覺得是種族歧視，聽得很不舒服。

「破除刻板印象」這個口號大概也是來自這種情緒。

刻板印象

近年常常看見「破除刻板印象」的說法，但破除之前，我們應該先弄清楚：那個「刻板印象」（stereotype）是不是錯的？

如果「刻板印象」的意思只是（例如）我們一想起某個國家就想起一種形象，例如聽到「西班牙」就想起熱情、彈吉他，而那種形象事實上是常見的，那我們為甚麼要破除刻板印象呢？碰到刻板印象就覺得有問題，難道不是對刻板印象產生了錯誤的刻板印象嗎？

所謂刻板印象，那個印象本身很可能是有普遍性的，並沒有錯。錯的只是將刻板印象當成所有情況，就如將一般性陳述當成全稱命題。

「一般性陳述」講述的是通常情況，例如「人身上有寄生蟲」，這樣容許有例外，就算有些人身上沒有寄生蟲，「人身上有寄生蟲」這句句子仍然是真的；至於「全稱命題」，例如「所有人身上也有寄生蟲」，就不容許有例外。

人會簡化，有習慣，常作聯繫，這個是人類在日常生活中作簡單決定時必須用到的捷徑，這樣可以過得輕鬆很多。如果這些簡化和聯繫出現問題，則是因為過於條件反射，不去懷疑和修正自己的印象和判斷，是死板封閉、不接受自己犯錯、不去接受不確定性的問題。

但由於這類問題而因噎廢食，於是叫人不要簡化，那是徒勞無功的，因為人思考時需要藉此省力。抨擊那個簡化的結果，即是所謂的「刻板印象」，也是事半功倍，因為這樣溝通會很麻煩沒有效率：難道我說西班牙的佛蘭明高很精采，之後一定要補上一句「他們不是只會跳舞」嗎？

這樣甚麼都上綱上線到歧視、偏見，只會令人煩厭；也會使真正有人受害的種族問題淹沒在一些無謂的爭論當中。

我們真正應該做的事是：習慣於刻板印象和一般性陳述會有例外，無論是講的人還是聽的人都應該如此。

當然也有一個問題就是很多人對細節沒有興趣，他的認知水平只夠一句總結，不喜歡尋根究底，例如我跟一些人說起伊斯蘭研究的學術圈頗封閉，他們就很認同說：「伊斯蘭教當然封閉。」好像這樣就一切都合理了。但伊斯蘭教本身的教義跟基督教差異並非那麼大，那為甚麼學院裡的基督教研究相對好得多呢？那就不單單是伊斯蘭教的原因，也跟整體落後有關，那整體落後是由於運氣、地理、資源、伊斯蘭教還是甚麼原因？

問題在不願思考，而不在刻板印象和一般性陳述。

男女差異

我嚐過一個檸檬、兩個檸檬……之後我就知道檸檬是酸的，不用每次重新檢查。這是歸納法。歸納法是需要用的，沒可能不用歸納法。而關乎種族、文化的判斷，卻容易被視為歧視。但這是要非常小心去分辨的，不能一碰到這些話題就說歧視、偏見。

我說美國人比中國人高，又有甚麼問題？這只是一般性陳述，並不意味著每一個美國人比每一個中國人高，這兩者是要分清楚的。有些人思考得不仔細，就會混淆，以為「美國人比中國人高」有「每一個美國人比每一個中國人高」的意思，反駁說：「姚明不是比甘迺迪高嗎？」其實這個回應只牽涉個例，不能反駁「美國人比中國人高」這個一般性陳述。

但很多人聽到「男性比女性數學好」就會推演到「女性不適合讀數理科目」，這個也是混淆了不同的判斷。因為選讀數理科目是個人的事，就算如果全部女性去讀數理科目的話平均分會比男性低，也不是重點；重點是要選數理科目的女生，就自己的能力選擇就好，一般女性的情況如何並不重要。但確實有很多無聊的親友喜歡對中學生這樣說，所以對這些判斷要小心分辨。這是性別定型跟刻板印象不一樣的地方：性別定型通常會包括價值判斷，認為男性應該如何，女性應該如何，刻板印象多數只是一種概括。

但這不表示如果有人說「男性比女性數學好」就是性別歧視，這是一般性陳述，是事實問題，有真假可言，可以研究討論分辨對錯，而不是歸類為歧視，不讓人討論，也不應規定大眾要假設大家能力一樣。另一方面，亦不能由「男性比女性數學好」推論某個女生應否讀數理科目，正如不能從美國人比中國人高推論姚明不應打籃球。

平等是規範性的要求，我們應給予每個人同樣的機會去競爭，但人的能力是事實問題，群體之間亦未必相等，不應混淆這些議題。

政治正確派不讓人講牽涉到種族和性別的一般性陳述，問題不在這些說法本身，而在混淆實然（真實發生）與應然（倫理／價值上合理）。就當是多數男生的數理好，數據本身是客觀事實，不能因為不喜歡而否定；但重點是就算如此，不表示每個男生的數理比每個女生好（關於群體的一般性陳述不能直接套用於個體，只是概率較高），更不表示女生就不適合／不應該選數理科目。人是會受期望和氣氛影響的，要警惕這一點，要讓自己和別人都有充分的自由去選擇發展方向，但不宜死硬假定所有分別都是基於後天。

仔細檢視了解自己，而不是簡單跟從自己所屬類別的行為模式，亦不視之為當然，就是人的自我覺醒。不能要求世界不作任何分類，而是應自己跳出這些分類去省察自己，不盲從社會規範。

當然學校有責任不給學生壓力，不應跟學生說你是男／女所以就要作甚麼選擇，要讓每個人都有機會探索自己的潛能。

同樣道理，我們要對不同的個體給予相同的機會，不表示我們不能將文化分出高低、不能批評某些族群相對地粗鄙無文或歧視女性。就算我們認為某個文化落後，也不表示我們歧視來自那個文化背景的人。

文化高下

做文化研究的人喜歡認定文化沒有高下之分，其實最多是學科內、研究過程中不評定，因為那不是文化研究的目的，就如物理學不討論應否造核彈，因為那屬於倫理學問題。但是我們沒理由先驗地（a priori，不經觀察、不理會事實）認定文化沒有高下優劣。

有些人喜歡說：「一切都只是觀點與角度。」這個說法之所以受歡迎，大概是因為人被指出漏洞會不高興。如果一切都是觀點與角度，那就大家都沒有錯，樂也融融，皆大歡喜。

於是很多人認同這個看法：不能批評文化習俗，一切只是不同，沒有高下；吃人族認為吃人沒有問題就沒有問題，女陰殘割是社會共識，反對纏足是多管閒事……

這樣表面上很開放很包容，實際上是有強權沒對錯。

不應該批評別的文化，但就應該批評「批評其他文化」，這根本就自我推翻，就如一個人說：「我是啞的。」這個語言行為（speech act）本身就跟所言的內容有衝突。

卻是很多人的想法。

人常會對自身文化過於自豪，學習去理解其他文化本來是好事，但理解到沒有高低對錯，則屬走火入魔。這種想法常見，大概因為不用認真考察反思，一味平等看待，符合人的惰性；顯得大愛包容，則屬額外收穫；何況以和為貴，更是中國人的美德——至於孔子說「鄉愿，德之賊也」則是沒有人理的。

公說公有理婆說婆有理式的「獨立思考」，最後就會變成只有利益，沒有道理。

那你接著可能會問，文化高下的判斷標準是甚麼？

社會層面的標準就是對每一個人的尊重，以及保障個體自由。

你或者會說：「那不就是自由主義嗎？自由主義只是一個學派，怎麼能認定這個學派是對的呢？」

其實就算未有「自由主義」這個說法之前，人也是喜歡有自由討論表達的。我們讀歷史時也會嚮往有各種思想各類人物的時代；與隨波逐流者相比，亦更尊敬爭取自由、照自己的意願過活的人。

如果你仍有懷疑，不妨問一下自己：是否願意活在一個說錯話就要坐牢的地方？是否願意活在一個選錯性取向就要死的地方？

無論如何，提出標準和論據，是有盡頭的，比如這本書的字數限制。最終只能訴諸良知和理性。

自由主義的危機

近年很多地方的社會輿論都左右分化嚴重。左翼追求政治正確，不批評文化習俗，右翼則以仇恨吸引眼球，煽動選民。支持個體自由又致力爭取所有人的派別，越來越少。

中東又有沒有左右之爭呢？當然有。

阿拉伯之春就是自由派與威權政府與宗教保守勢力之爭。殘忍的現象是，中東國家很多都倚靠威權政府制衡宗教保守勢力，世俗民主政府似乎是一個不可能的夢想。例如埃及，二〇一一年革命後經歷宗教上極保守的穆斯林兄弟會成員統治，現在又回到軍方控制。

雖然伊斯蘭教不等同恐怖主義，但我們也不能說伊斯蘭教沒有極端派系、恐怖主義跟伊斯蘭毫無關係。當我們否認這些問題的時候，就是無視了當中的自由派的困境。

這些自由派的處境甚為艱難，兩面不是人。以前的左翼推動男女平權，現在的左膠（認為文化習俗沒有高下不能批評的人）包容教士歧視女性的言論、鼓勵女性戴頭巾，說那是宗教自由、社群自決；右翼則直言不同文明無法共存，排擠其他族群。

當無論左右都不關心伊斯蘭世界的改革，那兒的自由派就活在孤島之中。

言論自由

民主自由並非一蹴而就，而是需要公民一直地警覺與守護。

如果因為令到一些人不高興就要求法律禁止某些言論，由於幾乎任何言論都有機會令到有些人不高興，那言論自由會大大受損，尤其批判性強的言論，更有機會被禁制。這樣對社會大眾非常不利。

曾經去過香港大學一個宗教對話講座，問答環節時有觀眾發言表示《查理周報》的侮辱性言論是不能接受的，所有有權力的人應坐下來立法禁止這種言論，那才說得上是愛與包容。

我去找《查理周報》到底講了甚麼「侮辱性言論」：

一、畫出穆罕默德的樣子。

很多伊斯蘭教徒覺得畫出穆罕默德的樣子犯了拜偶像的大罪。問題是：畫在漫畫中，肯定不是作崇拜之用，而且拜偶像是教徒不能做而已，憑甚麼管到教外人？教外人做了為甚麼是侮辱伊斯蘭教？難道我不照伊斯蘭教的要求每天五次祈禱就侮辱了伊斯蘭教嗎？完全不可理喻。但我自己認識一些在香港讀書、受過高等教育的伊斯蘭教徒也會為此憤慨。

二、「《古蘭經》是糞便，擋不了子彈。」

三、作教士打扮的人說：「你喜歡我的屁股嗎？」

雖然沒有甚麼品味，但如果以上言論不能存在，然後各個群體都出來訂立其「侮辱性言論」名單，那言論自由還剩多少？

幸好在香港這樣想的是少數人，只能口裡講一下禁止。如果反對自由主義的人數多的話，自由主義者可以做甚麼？

可怕的是，不少人也不重視自由，覺得令人不高興的言論不應該說，要尊重宗教，又斯德哥爾摩症候群地覺得《查理周報》員工被屠殺是自作自受，不應該激怒極端分子。

這樣的情況，也會助長社會分化、極右思想，因為已經侵犯到言論自由，令其他人反感。支持少數族裔的人應當跟這種說法劃清界線。可惜如果是政客，為了選票，不便選擇目標選民不喜歡的立場。如果選民沒有雪亮的眼睛，就只會淘汰理性的政客。

自由的主體，應該是個人，而不是家庭、群體，個人的言論應該有最大的自由，而不是宗教有自由限制別人的言論。不去思考清楚這一點，就會輕重不分，口頭上大愛包容，實質上助紂為虐：幫助他人壓制個體自由。

頭巾爭議

朋友問我對法國公立學校禁戴頭巾的看法，我說支持，他挺驚訝。

穆斯林要不要戴頭巾這個問題，單是英文就一找可找到數十本學術研究討論，教義層面也不是絕對清楚的。就當是絕對清楚，我也認為男女平權重於「宗教自由」。戴頭巾是甚麼意思？男人看到頭髮就會想到性，女人要把頭髮遮住來保障自己的安全。那意味著甚麼？女人不把自己包得滴水不漏，就是邀請人非禮強姦？無論孰因孰果，這些地方的男人痴漢比例特高。我太慶幸自己不是生於這樣的社會了。

學校禁頭巾這種東西，是西方歧視東方、打壓宗教自由、……、還是保護女權？我選保護女權。中小學生戴頭巾，是個人選擇還是家長選擇？多數是學生都還沒自己去選，家長就替他們選了。我反對向小孩子傳教也反對宗教辦學，香港就是太多基督教學校教了一大批認為性事污穢罪惡、同性戀該死的人出來。要選宗教應該長大才選，宗教辦學總是會趁機傳教。

頭巾問題，與其說是東方vs.西方，還不如說是閃族文化（猶太基督伊斯蘭）vs.希臘羅馬文化，為甚麼基督教在社會事務出現時人們反得理直氣壯，伊斯蘭教就要反得理屈氣弱？其實是同情弱者同情落後地區吧，這不是諷刺地很東方主義嗎？

如果要尊重宗教自由尊重到學校不能禁頭巾，是不是也應該要容許一夫四妻、通姦石刑……？我甚至理解在一個依靠勞力蠻力的年代中會出現這樣的社會型態，據說伊斯蘭教的規定比當時阿拉伯半島的習俗已經更為尊重女性，為伊斯蘭教辯護的人也喜歡這樣說。

可是如果伊斯蘭教是一個進步的、改善女權的宗教，那為甚麼不跟上時代，為今日的社會推動女權？而不是拖後腿？

不好意思，如果一個宗教的中心是一夫四妻、通姦石刑……這些規條，那這個宗教還不如從地球上消失，這樣對人類的福祉更有貢獻。

但我是希望留下其中有價值的精神內涵，才抨擊伊斯蘭教的女權問題；也不只女權，還有言論自由、同性戀者的權益等等。

有些人可能會說，自由主義已經過時，現在是多元價值的年代。這就錯了，自由主義是人們思考後真心認同的價值，而多元價值則屬自由主義的過分推演。自由主義的底線是個人自主決定要如何生活，而多元價值則是容許他人決定社群內的人如何生活。這是錯解自由，結果是失去自由。

保護真正的弱勢

就連在香港，也有巴基斯坦裔女孩被家長強迫盲婚啞嫁，不能繼續學業。個體自由是自由主義的基礎，婚姻應該由結婚的人自己決定，不能說父母有決定兒女人生的「自由」。文明社會都會規定最低結婚年齡，但也會有童婚的情況出現，因為很多時候官僚機構懶得介入麻煩的家庭問題，當時人亦隨時為了「親情」而放棄爭取自己的權益。童婚是複雜的社會問題，但這需要各方面努力解決，而不是「包容理解」，那其實即是放任自流，無視那些兒童的慘況。

政府如果讓社群自治，結果就是讓本來的權力結構維持現狀，令不滿者不能逃離。例如以色列的極端保守猶太教社群，他們仿如活在中世紀一樣，只讀宗教經典不懂現代知識，女權極差。政府應該強迫這個群體中的兒童接受一般教育，而不是放任自為。但以色列政客不敢得罪這些選民，結果受害的就是沒有自主權的兒童和處於弱勢的女性。

如果社會上的人說，我們要尊重多元價值，不要去批評或改變這些群體，那是怯懦、懶惰、缺乏同情心，而不是大愛包容。

多元文化不是容忍任何文化，社群不是博物館展品，在一個壓迫女性的落後文化中，真實的女人在受害。如果多元文化是容許任何形態的群體存在，那納粹集中營也展現了人性、心理和不同的生活型態，難道我們看見集中營時是要保持現狀而不是要解放裡面的囚徒嗎？

很多人覺得，外人沒有資格批評一個文化，因為不懂得。

那你不是德國人也沒資格批評希特拉。

批駁「文化平等論」

從前上課時，有人提到「左膠」一詞，於是我說：「我們一起思考一下『左膠』應該是甚麼意思吧。『左膠』，大概是說左翼並且不妥，例如盲目追求平等，喜歡講後現代多元化有差異沒優劣之類……」

助教：「我研究歐陸哲學，也算左翼，別人叫我『左膠』我要不要答？」

我：「有『膠』字當然不答，沒有人說左翼就是左膠。」

助教：「但我不知自己有沒有『膠』了。其實這個signifier（意符）加在『左』旁邊，我有保留……」

我心想：「你何不說加『壞』字在『人』旁邊，我有保留？」

左膠辨

孟子云：「何以謂之狂也？曰：其志嘐嘐然。」

「嘐嘐」形容言語誇張、言行不一，「嘐」廣東話讀如「膠」。可見「膠」是古語，正寫為「嘐」。

說笑的，其實來自廣東話粗口。

「左膠」一詞近年經常在香港網絡出現，但用法多，易生混淆，茲簡略釐清如下：

左膠主要有兩種，一種追求收入均等，無限福利，簡稱經濟左膠；另一種認為文化平等，無分高下，簡稱文化左膠。

本篇討論後者。「和平理性非暴力」（和理非）則是另一回事，雖然常常混為一談，但概念上跟「左」關係不大，另置不論。

從爭取人權到放棄人權

從啟蒙運動以來，自由主義成為西方主流思想，人權不斷進步。但近年來，人權運動面對前所未有的危機：左膠思想，或曰極端相對主義、文化相對主義。

當某群體不認同某項人權，極端相對主義者會認為我們不能用自己的標準加諸其身上，那是他們的文化，於是放棄批判其做法。當這種群體在某地方自成一國中之國，最終結果就是人權不再受到保障，思想上回到中世紀，宗教權威不容挑戰。

如果爭取人權爭取到替人爭取「剝奪別人人權的人權」，那是自我推翻、忘記初衷。

某個地方的人喜歡殘割女童的陰部？「那是他們的文化，保持自身文化是人權，不應批評干預。」

某個地方的人覺得女人不蓋住全部頭髮和皮膚就活該被非禮？「那是他們的文化，保持自身文化是人權，不應批評干預。」

那這些女童的人權呢？這些女人的人權呢？不好意思，在你的文化中你地位低微，請接受你的命運你的文化，不要批評。

女陰殘割和非禮哪裡是人權？它們正正是剝削別人的人權、踐踏別人的自主。又有些人將爭取人權視為「西方中心」、「文化偏見」、「帝國主義」。請你們心自問，真心回答：你不想要人權嗎？你想被割掉陰部嗎？你喜歡被非禮嗎？

可見這種想法屬弱智。

主觀客觀

很多時候討論道德問題都會討論到價值判斷是否主觀的。那麼我們就要先討論「主觀」、「客觀」是甚麼意思。

「主觀」、「客觀」這些概念要深入討論講一本書也講不完，但在這裡只需要弄清楚基本用法。

「主觀」常見用法：

甲、第一身的視野、感覺，別人不能直接感知，例如夢境、頭痛；

乙、個人喜好，例如喜歡吃橙；

丙、（由於希望如此而出現的）錯誤判斷，例如認為梁朝偉想跟我結婚。

甲義主觀別人不能直接感知，但不表示沒有真假可言，將來科技進步亦很可能可以將思想感覺與腦中物理化學狀態作出一一對應。乙義主觀是關於個人喜好，喜好是個人選擇，一般不會說好壞錯對，除非牽涉健康。但當我們說「小明喜歡吃橙」，若小明確實喜歡吃橙，則「小明喜歡吃橙」為真，若小明不喜歡吃橙，則「小明喜歡吃橙」為假，並不是內容一牽涉喜好，就沒有真假可言。丙義主觀的語句都是假的，而不是沒有真假可言。

「客觀」可以形容：

丁、大家都看得見的事情，例如狗有尾巴；

戊、合理的看法，例如不應無故殺人。

當我們說「價值判斷是客觀的」，是戊義客觀。戊義客觀不如丁義客觀般容易達成共識，但亦有道理可講，也有合理不合理可言，最終也是基於理性討論。

不同vs.沒有高下

社會學發現不同地方有不同的價值判斷，不表示價值判斷是主觀任意的，喜歡怎樣就怎樣，如乙義。在香港也有強姦犯認為強姦沒有問題，那我們就要「包容」、「尊重」嗎？在香港我們不會，那為甚麼當在地球上別的地方有一群人認為強姦沒有問題，就會有人認同要「包容」、「尊重」呢？

社會學發現不同地方有不同的價值判斷，是由於某些地方的價值判斷有問題。

你可能會問：「憑甚麼這樣說？」

基於良知和理性思考。默許不公和苦難的價值判斷，當然是有問題的。普遍到文化習俗的層次，那就沒有問題了嗎？只是因為人數多就有道理，這是沒有道理的。

很多人怕自己下錯判斷或顯得偏狹武斷，於是一刀切地認為文化無分高下，誰不知如果怕下錯判斷，應該說「不知道文化有沒有高下」，而不是認為「文化沒有高下」，因為在這樣的背景下斷定「文化沒有高下」正正是偏狹武斷。要避免下錯判斷或顯得偏狹武斷，應該去了解研究不同文化，而不是放棄判斷，一刀切地認為文化無分高下。

批評一個地方的普遍做法——文化——不等如歧視或偏見。有問題的做法卻不批評，是否覺得別的文化不能改善進步，生在其中的人不能得到更多自由、生活得更自在？這種想法不才是歧視該族群？

放棄判斷只是因為腦袋懶惰、性情懦弱，怕說某文化習俗不對會被認為種族歧視。人為了簡化事情容易理解，常會有非黑即白、上綱上線的習慣，覺得文化有高低就表示民族有高低，民族有高低就表示容許納粹主義種族清洗。於是要不就覺得種族主義沒有問題，看見皮膚黑就視為低等，要不就不敢批評任何文化習俗。

諷刺的是為怕被認為種族歧視卻放棄打擊性別歧視了，因為只要一個做法成為了文化習俗，就算多壓迫女性，也不應批評。

我批評伊斯蘭教時就不會怕被認為種族歧視，因為我是經過深入學習了解而下結論。我下苦功學阿拉伯文、到中東上課遊歷，沒有人能說我了解不足或基於偏見。有知識有自信就不怕下結論，「文化沒有高下」常是不了解不同文化者用來掩飾無知的藉口。

社會學研究社會現象的因果關係，社會學本身不下價值判斷，不表示價值判斷是主觀任意的。正如物理學不討論應否製造原子彈，生物學不討論應否複製人類，不表示價值判斷是主觀任意的，只表示討論這些是學科以外的內容而已。

科學不作出價值判斷，人自己要作出價值判斷，否則是禽獸。

有人基於歷史上、不同地方有不同的價值判斷，所以認為道德是主觀相對的。綜觀歷史，有些判斷基於社會條件轉變，不表示沒有穩定的原則，例如減少傷害，增加快樂，尋找意義；亦不表示沒有所謂「進步」。

文化有沒有高低？

問人文化有沒有高低，一個常見答案是：「沒有，因為很難比，中國文化與美國文化哪個高？」

有些人的才華難分高下，不表示才華沒有高下。有些人的樣貌難分美醜，不表示樣貌沒有美醜。俊男一和俊男二之間或者選擇不同，但我們都懂分俊男和醜八怪。文化高下也是如此：有些文化之間各有優缺點，不同部分有高有低，加起來難以定高下，但有些文化之間可明顯分出高低，那就表示有高下了，只是在平均分接近的情況下難以分出勝負而已。

既然價值判斷不是主觀任意，而是撇除某些社會條件和觀念後大體一致，都追求公平、尊重別人……，可見價值判斷是有道理可講的。

基於價值判斷的客觀性，進而討論文化。就文化習俗是否追求善良公正等價值，可判斷文化高低。將文化分高低不表示高的文化要消滅低的文化，高的文化可能有不那麼好的部分，低的文化亦可能有比其他文化好的部分，沒人說替文化分高低就不能取長補短。正正相反，仔細思考反省後，對於要如何看待不同的文化才有可信的結論，才能令人類進步，而不是懶惰地說文化之間沒有高下。

例如很多伊斯蘭國家的女權情況都不理想，但其文學藝術、神秘主義等方面有很多值得欣賞的地方，批評其文化低下的部分，正是為了改進整體，而不是想整個文化消失。相反，如果落後地區不作改進，遲早淘汰於世，其人民去別的國家也會被排擠，今日歐洲的難民問題就是如此。所以是批評者善意，還是避而不評者善意呢？

如果文化之間真的沒有高下，那移民的人為甚麼不選擇食人部落？可見這只是虛偽說辭，正是「口裡說不，身體卻很誠實」。

文化平等就沒有男女平等

碰到宗教、文化問題，最叫我吃驚的是：為貶低女性的宗教、文化辯護的，常常是女人。

在女權低下的地方，女人只是囚徒、玩物，連人都不是，講甚麼文化多元。這些地方的男人也對你怎麼想沒有興趣，你除了陰道子宮，其他都不重要。去這些地方生活一下你就知道女權的寶貴。

文化平等說得好聽，但這意味著只要一個地方有很多人支持某個行為，其他人就應接受，外人亦不應干預或批評；亦意味著若一個地方女權低下，我們不應批評，亦不應想辦法改變。我們為甚麼不幫助不幸生於這些文化這些地方的女人呢？文化平等，但人反而不平等：你生在女權低下的地方，那就是你的文化，不要改變，只宜接受，安心做一個低等的女人吧。

有些人覺得將文化分高下會顯得自以為是或種族歧視，於是認為文化無分高下。但採取這個立場之前，卻忘了檢視它意味著甚麼：

如果不能將文化分高下，就意味著不能視某個文化為低，那女陰殘割、紮腳等做法，一旦成為文化的一部分，就不能被批評，因為「文化沒有高下」。

為了保持一致性，論者會接著提出「反對女陰殘割的人只是將自己的道德觀念強行加諸別人身上」、「反對紮腳的人只是將自己的道德觀念強行加諸別人身上」、「認為強姦不對只是文化偏見」等走火入魔的論調。

反對女陰殘割的人只是將自己的道德觀念強行加諸別人身上？你如果生於盛行女陰殘割的地方就會很想被人用骯髒的器具割爛陰部嗎？如果不能譴責、批評這些地方的女權問題，難道這些地方的女人天生就該被賤視嗎？天生就該被虐待嗎？她們不配有選擇有自由嗎？只有生在沒有這個習俗的你配？

如果不能批評紮腳（編案：即裹腳），難道以前的女人天生就該有一對畸型的腳嗎？她們不配有選擇有自由嗎？她們不配健步如飛嗎？只有生在現代的你配？

生於喜歡吃屎的文化就活該吃屎？不能批評？不能脫離？不應幫人脫離？只注意說出來的話好不好聽、會不會得罪人，卻忘了沒說出來的意涵過不過分、有沒有壓迫人，這就是極端相對主義之荒謬、偽善與本末倒置。

將「不應該強姦」視為文化偏見的人，請對強姦受害者說：「你是文化偏見的受害者，只要放棄對強姦的文化偏見，就會很享受了。」既然「不應該強姦」只是文化偏見，我們不應該懲罰強姦犯，他們只是文化不同而已，不要歧視有文化差異的人！

說不出嗎？做不到嗎？你的偏見太根深柢固了！建議每日唸一百次「我尊重強姦文化」和「我包容強姦文化」。

附筆

一、教書時跟學生討論各種議題，發現有些人討論文學作品時常常只關心主角「道不道德」、有沒有一腳踏兩船，最誇張的是有學生見《圍城》裡方鴻漸有一個已過世的盲婚啞嫁的未婚妻，就認為他不應該跟人交往；另一些人卻是道德相對主義，將道德視為文化偏見，認為道德沒有客觀性；理性反思倫理道德者實屬少之又少。大概正是前者的錯誤偏狹道德觀，令讀書讀到半桶水的人認為道德應該全盤揚棄。

二、思考相關問題時可參考李天命《從思考到思考之上．主體篇》、《哲道行者．思方學大要》。

後記　死在開羅

好像讀哲學的人開車都特別狠，大概是看破生死。

埃及人則甚麼都敢做，何止看破生死，簡直急不及待到天堂享福。（但女生又甚麼地方都不敢去。）

當然了，根據《聖訓》，在天堂有七十七個處女在等你，在人間就算你有四個妻子也要吃偉哥吧。

我在埃及卻很怕死，常怕吊扇掉下、電梯斷纜；烏德琴學校是古蹟，二樓的地板感覺不是很牢固，上課時老師用腳打拍子，好像要踩出一個洞來。

有一次上完烏德琴課之後，大夥兒坐其中一位同學的車離開。途中她急煞了一下車，當時我坐前座，立刻扣上安全帶（本來沒扣，大家不要學），其他同學大笑。我說：「我可不想死在埃及。」

一個女同學笑說：「你為甚麼不想死在這裡？我們全都想到外地生活然後回來死掉。」

我卻希望埃及變成一個適合生活的地方。

GLOs 01 PC0854

新銳文創
INDEPENDENT & UNIQUE

埃及男女
——政治不正確的中東觀察

作　　者　李雅詩
責任編輯　鄭伊庭
圖文排版　林宛榆
封面設計　楊廣榕

出版策劃　新銳文創
發 行 人　宋政坤
法律顧問　毛國樑　律師
製作發行　秀威資訊科技股份有限公司
114 台北市內湖區瑞光路76巷65號1樓
電話：+886-2-2796-3638　傳真：+886-2-2796-1377
服務信箱：service@showwe.com.tw
http://www.showwe.com.tw
郵政劃撥　19563868　戶名：秀威資訊科技股份有限公司
展售門市　國家書店【松江門市】
104 台北市中山區松江路209號1樓
電話：+886-2-2518-0207　傳真：+886-2-2518-0778
網路訂購　秀威網路書店：https://store.showwe.tw
國家網路書店：https://www.govbooks.com.tw

出版日期　2019年9月　BOD一版
定　　價　390元

Printed in Taiwan

國家圖書館出版品預行編目

埃及男女：政治不正確的中東觀察 / 李雅詩著. --
-- 一版. -- 臺北市：新銳文創, 2019.09
面； 公分
BOD版
ISBN 978-957-8924-63-5(平裝)

1.文化人類學 2.埃及

541.3 108012092

讀者回函卡

感謝您購買本書，為提升服務品質，請填妥以下資料，將讀者回函卡直接寄回或傳真本公司，收到您的寶貴意見後，我們會收藏記錄及檢討，謝謝！

如您需要了解本公司最新出版書目、購書優惠或企劃活動，歡迎您上網查詢或下載相關資料：http:// www.showwe.com.tw

您購買的書名：______________________________

出生日期：________年________月________日

學歷：□高中（含）以下　□大專　□研究所（含）以上

職業：□製造業　□金融業　□資訊業　□軍警　□傳播業　□自由業

□服務業　□公務員　□教職　□學生　□家管　□其它_____

購書地點：□網路書店　□實體書店　□書展　□郵購　□贈閱　□其他

您從何得知本書的消息？

□網路書店　□實體書店　□網路搜尋　□電子報　□書訊　□雜誌

□傳播媒體　□親友推薦　□網站推薦　□部落格　□其他________

您對本書的評價：（請填代號　1.非常滿意　2.滿意　3.尚可　4.再改進）

封面設計____　版面編排____　內容____　文／譯筆____　價格____

讀完書後您覺得：

□很有收穫　□有收穫　□收穫不多　□沒收穫

對我們的建議：______________________________

____

____

____

請貼
郵票

11466
台北市內湖區瑞光路 76 巷 65 號 1 樓

秀威資訊科技股份有限公司 收

BOD 數位出版事業部

（請沿線對折寄回，謝謝！）

姓　名：＿＿＿＿＿＿　年齡：＿＿＿＿　性別：□女　□男

郵遞區號：□□□□□

地　址：＿＿＿＿＿＿＿＿＿＿＿＿

聯絡電話：（日）＿＿＿＿＿＿（夜）＿＿＿＿＿＿

E-mail：＿＿＿＿＿＿＿＿＿＿＿＿